Cinzia Ceddia

Die Macht der Liebe

Cinzia Ceddia

Die Macht der Liebe

Wie Gottes Liebe uns heilt und freisetzt,
um uns selbst und andere zu lieben

GloryWorld-Medien

1. Auflage 2023

Bibelzitate sind, falls nicht anders gekennzeichnet, der Lutherbibel, Revidierte Fassung von 2017 entnommen. Hervorhebungen wurden durch die Autorin vorgenommen. Texte in eckigen Klammern entstammen der Fußnote der jeweiligen Übersetzung.
Weitere Bibelübersetzungen:

ELB: Elberfelder Bibel, Revidierte Fassung von 2006
HFA: Hoffnung für alle, Basel und Gießen, 1983
NeÜ: Neue evangelistische Übersetzung © 2013 Karl-Heinz Vanheiden
NGÜ: Neue Genfer Übersetzung, 2009
NLB: „Neues Leben. Die Bibelübersetzung", Holzgerlingen, 2017
SLT: Schlachter 2000
ZÜR: Zürcher Bibel (Ausgabe 2007)

Das Buch folgt den Regeln der Deutschen Rechtschreibreform. Die Bibelzitate wurden diesen Rechtschreibregeln angepasst.

Lektorat: Klaudia Wagner
Satz: Manfred Mayer
Umschlaggestaltung: Jens Neuhaus, www.7dinge.de
Umschlagmotiv: Pixabay

Printed in the EU

ISBN: 978-3-95578-624-3
Bestellnummer: 356624

Erhältlich beim Verlag:

GloryWorld-Medien
Beit-Sahour-Str. 4
D-46509 Xanten
Tel.: 02801-9854003
Fax: 02801-9854004
info@gloryworld.de
www.gloryworld.de

oder in jeder Buchhandlung

Inhalt

Einführung

Jeder Mensch sehnt sich tief in seinem Inneren danach, geliebt zu werden. Wie wunderbar ist es, selbst so voller Liebe zu sein, dass man sie an andere weitergeben kann! Ich selbst hätte nie gedacht, dass so etwas Herrliches möglich ist. Vor allem nicht bei mir ...

Gefangen in der Ablehnung, die mir bereits in meiner sehr frühen Kindheit entgegengebracht wurde, fing ich an, mich auch selbst abzulehnen. Ich wuchs elf Jahre bei einer Pflegefamilie auf. Dadurch hatte ich zwei Mütter und zwei Väter – und dennoch fühlte ich mich als Waisenkind. Ich konnte weder Liebe annehmen, noch sie weitergeben und war total liebesunfähig. Ein Gebot in der Bibel hat mein Leben grundlegend revolutioniert. Ein Gebot, das auch dein Leben komplett verändern kann:

> *Er antwortete und sprach: „Du sollst den Herrn, deinen Gott, lieben von ganzem Herzen, von ganzer Seele und mit all deiner Kraft und deinem ganzen Gemüt, und deinen Nächsten* ***wie dich selbst*** (Lukas 10, 27).

Da war der Haken: Dass *Gott* mich liebt, konnte ich gerade noch glauben. Aber ich mich selbst? Und dann noch meinen Nächsten? Das war für mich eine Nummer zu groß und eine scheinbar unüberwindbare Hürde. Das war einfach zu viel für meinen Verstand. Aber Gott spricht. Und wenn er spricht, dann hat er eine Absicht und eine Lösung für dich und für mich.

Ich bin Gott sehr dankbar, dass du dich entschieden hast, dieses Buch zu lesen. Ich bete, dass es dich ermutigen wird, weitere Schritte zu gehen. Und ich bete, dass dir dieses Buch dabei helfen wird, die Barrieren in deinem Leben niederzureißen. Dass du von der vollkommenen Liebe des himmlischen Vaters so ergriffen wirst, dass du erfüllt von Liebe übersprudelst.

Du bist von Gott geliebt, um zu lieben. Du bist von Gott gesegnet, um zu segnen. Denn er hat einen göttlichen Plan für dich. Er möchte dich in die totale Freiheit führen, die er für seine Kinder vorbereitet hat. Du hast eine Bestimmung – finde sie heraus!

Lass dich auf diese Reise ein. Du wirst überrascht sein.

Wozu dieses Buch gedacht ist: Lesen und vertiefen

Dieses Buch beinhaltet pro Kapitel neben dem Lesetext einen Vertiefungsteil. Das soll dir dabei helfen, das Gelesene zu verinnerlichen und anzuwenden. Die Fragen sind ein effektives Instrument, um das Thema zu vertiefen. Außerdem regen sie dich dazu an, dir selbst Gedanken zu machen, wodurch du zu einer persönlichen Einsicht in die Dinge gelangst. Auf diese Weise kannst du viel mehr Nutzen aus dem Buch ziehen.

Mir ist bewusst, dass die vielen Fragen möglicherweise lästig sind. Ich ermutige dich aber trotzdem, sie gewissenhaft zu beantworten. Sie helfen dir, Probleme zu lösen und bestimmte Zusammenhänge und Konsequenzen zu verstehen. Du wirst merken, dass das gut investierte Zeit ist, da du hinterher viel klarer sehen kannst.

Wenn dir die Schreiblinien nicht ausreichen, verwende ruhig ein separates Blatt und schreibe dir alles von der Seele, was dir zum jeweiligen Thema einfällt.

Ich wünsche dir von Herzen eine segensreiche Zeit beim Lesen!

Liebe dein Leben,

denn indem du es liebst,

lebst du es!

Leo Tolstoi

TEIL I

Von Ablehnung frei werden

Kapitel 1

Einsam und verlassen

Ich war noch nicht einmal auf die Welt gekommen, als meine Eltern schon darüber gesprochen hatten, mich wegzugeben. Der Zeitpunkt, in dem meine Mutter mit mir schwanger wurde, war ungünstig. Im Jahr meiner Geburt hatten sie beschlossen, in unserer Heimat Italien ein Haus zu bauen. Aus diesem Grund war von vornherein klar, dass meine Mutter sehr schnell wieder Geld verdienen musste.

Als ich gerade einmal acht Wochen alt war, ging meine Mutter auch schon wieder arbeiten. Sie brachte mich im Wechsel mal zu ihrer Schwester, mal zur besten Freundin oder auch zur Nachbarin, die bei uns im Haus wohnte. Ich wurde mehr oder weniger hin und her geschoben.

Da das keine Dauerlösung war, suchten meine Eltern nach einer Alternative, und so kam ich im Alter von nur sechs Monaten zu einer Pflegefamilie, die zehn Kilometer von meinen Eltern entfernt wohnte. Dabei hätte meine Mutter mit meinem Vater nur die Schicht wechseln müssen. Doch stattdessen gaben sie ihr Baby in fremde Hände. Ich verbrachte dort die ersten 11 Jahre meines Lebens.

Als jüngstes Pflegekind wurde ich oft benachteiligt. Wir waren jahrelang fünf Kinder: Ein eigener Sohn, eine adoptierte Tochter und mit mir zusammen drei Pflegekinder. Unsere Schlafzimmer befanden sich im oberen Stockwerk. Ich hatte mein eigenes kleines Zimmer. Oft musste ich allein zu Bett gehen. Ich hatte Angst. Nachts plagten mich häufig Alpträume; es waren immer die gleichen. Schweißgebadet wachte ich auf, mit meinen Füßen gegen die Wand gestemmt. Ich versuchte „rauszukommen", um mich zu befreien – und habe es nie geschafft. Immer wieder nässte ich auch ins Bett.

Meine Pflegemutter war streng und dominant. Ich wuchs mit sehr wenig Spielraum und vielen Regeln auf. Ihr Motto war: Erst die Arbeit, dann das Vergnügen. Freunde hatte ich so gut wie keine. Am Tisch musste ich so lange sitzen bleiben, bis ich alles aufgegessen hatte. Manchmal saß ich um 14 Uhr noch am Tisch.

Mein Frust wuchs mit den Jahren immer mehr. An einem Sonntagabend, meine Eltern hatten mich gerade wieder hingefahren, erlitt ich einen Nervenzusammenbruch. Mein Pflegebruder fand das witzig und lachte mich dabei aus.

Ich entwickelte Verhaltensstörungen und litt unter nervösen Ticks – gleich an mehreren. Auf meiner Haut machte sich das durch eine Schuppenflechte bemerkbar. Zusätzlich bekam ich noch eine Gürtelrose, von der sonst eher ältere Menschen betroffen sind. Sie kann aber auch durch ein geschwächtes Immunsystem kommen. Mein damaliger Kinderarzt wunderte sich jedenfalls. Außerdem litt ich jahrelang unter heftigem Kopfhautjucken. Das waren alles stressbedingte Erscheinungen. Ich musste sehr viel in mich hineinschlucken. Wenn ich mich weinend an meine Mutter wandte, antwortete sie nur, ich müsse machen, was mir meine Pflegemutter sage. Meine Seele wurde immer mehr gebrochen.

Was passiert, wenn eine menschliche Seele nicht genügend Liebe und Zuneigung erhält? Sie verkümmert innerlich und kann sich nicht richtig entwickeln. Denn jeder Mensch braucht Liebe, Annahme und Geborgenheit, um sich gesund zu entfalten und seelisch stark werden zu können. Bei einem Mangel entstehen Defizite in unserer Charakter- und Persönlichkeitsbildung. Wenn man Ablehnung erfährt, gibt man sich oft selbst die Schuld. „Ich werde abgegeben oder nicht ernst genommen; das ist wohl meine Schuld. Ich bin nichts wert. Das sind ja meine Eltern, sie machen doch nichts falsch ..." – oder vielleicht doch?

Es gibt verschiedene Charaktere. Der Charakter beschreibt die Eigenschaften und Merkmale einer Persönlichkeit. Bei jedem Menschen ist die Persönlichkeit anders. Das macht uns wiederum auch so besonders und einmalig als Individuen.

Wir werden zum größten Teil in unserer frühen Kindheit geformt, vor allem in den ersten Lebensjahren, wo wir noch am schwächsten und am stärksten beeinflussbar sind. Eine gesunde Entwicklung bedarf einer gesunden Beziehung. Wer prägt denn hauptsächlich unser Leben? Zuallererst unsere Eltern, gefolgt von Geschwistern, Lehrern, Vorgesetzten, Freunden und Vorbildern. Die Erfahrungen und Erlebnisse während dieser Zeit entwickeln entweder das, was Gott in uns hineingelegt hat – unsere einzigartigen Fähigkeiten und Begabungen –, oder sie pressen uns in eine gelernte Rolle. Sie formen bzw. verformen uns.

Was sagt denn Gott über dich? Er hat dich nach seinem Bild geschaffen! Und genau deshalb hasst dich der Teufel.

> *Und Gott schuf den Menschen zu seinem Bilde, zum Bilde Gottes schuf er ihn; und schuf sie als Mann und Frau* (1. Mose 1,27).

Nach seinem Bild heißt: ihm ähnlich.

Als er dich geschaffen hat, empfand er das Ergebnis – nämlich dich – als sehr gut. Nicht nur als gut, sondern als *sehr* gut! Er hat sich außerordentlich über dich gefreut.

> *Und Gott sah alles, was er gemacht hatte, und siehe,* ***es war sehr gut ...*** (1. Mose 1,31 ELB).

Selbst wenn deine Eltern dich nicht gewollt haben und du Ablehnung erfahren hast, so hat doch Gott – dein dich liebender himmlischer Vater – dich gewollt. **Du bist sein Wunschkind. Das ist die Wahrheit.** Das sollst und darfst du glauben! Du bist kein Unfall oder gar ein Zufall der Natur. Du bist auch nicht zu früh oder zu spät geboren, sondern genau zur richtigen Zeit und am richtigen Ort. Er hat dich wunderschön gemacht, denn du bist sein Abglanz – ein Königskind. Gott möchte dich von innen heraus stärken; das herausholen, was er in dich hineingelegt hat. Ja, auch du hast von Gott Gaben und Talente bekommen. Du fragst dich jetzt vielleicht welche? Finde es heraus!

In einem anderen Kapitel schreibe ich von Gideon. Was für ein himmelweiter Unterschied, wie er sich selbst sah und wie Gott, sein Schöpfer, ihn sah – mit ganz anderen Augen!

So sieht er auch auf uns: mit seinen liebenden Augen. Er kennt uns in- und auswendig (vielleicht manchmal mehr als uns lieb ist), und doch liebt er uns. Er weiß ganz genau, wie du dich fühlst und welche Gedanken dich umgeben. Habe Mut, ihn an dich heranzulassen. Klar, das kann auch herausfordernd sein. Er würde dich aber zu nichts zwingen, was du nicht möchtest. Er würde dir auch nie etwas abverlangen, was du nicht leisten kannst.

Vertiefen und anwenden

Einsam und verlassen

Du kannst von vielen Menschen umgeben sein – und dich doch einsam fühlen. Unsere ersten Lebensjahre sind richtungsgebend für unsere Zukunft. Unsere Erfahrungen im Kindesalter beeinflussen und prägen unser Leben.

- Was hat dich deiner Meinung nach in deiner Kindheit negativ beeinflusst bzw. geprägt?

- Wie kommst du darauf? Bekommst du das jetzt in deinem Leben zu spüren?

- Hast du Ablehnung erfahren? Wenn ja, in welchem Bereich?

- Was wirst du unternehmen, um davon frei zu werden?

Kapitel 2

Geboren, um zu lieben

Ich fasse nochmals kurz zusammen: Als Gott uns Menschen schuf, war er glücklich – sehr glücklich.

Er schuf zunächst die Umgebung für die Menschen: die Meere und das Festland, die Tiere und die Pflanzenwelt; ebenso gestaltete er Tag und Nacht wie auch die Weiten des Universums mit Sonne, Mond und Sternen. Und Gott fand das alles gut. Dann aber sagte er: „Lasst uns Menschen schaffen nach unserem Ebenbild." Und als er das getan hatte, musste er einfach feststellen, wie gut es war, uns geschaffen zu haben.

Weshalb schuf Gott Menschen? War ihm etwa langweilig? Nein, er wollte ein Gegenüber haben, jemanden, den er lieben konnte – und der ihn zurücklieben würde. Kein Tier oder Baum konnte ein Gegenüber für ihn darstellen. Er entschied sich daher für dich und für mich, um sich mitteilen und eine Beziehung zu uns, seinen Kindern, aufbauen zu können. Der Grund für diese Entscheidung war pure Liebe.

Wenn wir Christen sind, so glauben wir, dass Gott uns liebt. Aber wissen wir auch, dass er von uns geliebt werden möchte? *Kann das denn sein?* Ja, denn du wurdest aus Liebe geboren; und da du sein Gegenüber bist, wünscht er sich, auch von dir geliebt zu werden.

> *Und du sollst den HERRN, deinen Gott, lieben mit deinem ganzen Herzen und mit deiner ganzen Seele und mit deiner ganzen Kraft* (5. Mose 6,5 ELB).

Da steht nicht: „mit einem Viertel deines Herzens", „mit der Hälfte deines Herzens" oder von mir aus „mit einem Dreiviertel deines Herzens". Nein! Er möchte die Liebe deines ganzen Herzens. Er möchte dich komplett haben – mit Haut und Haaren. Am Stück, so wie du bist. Denn er liebt dich. Er sehnt sich danach, von dir zurückgeliebt zu werden. Als ich das verstanden hatte, überraschte mich das zuerst. Aber nun bin ich begeistert davon, dass er auch *meine* Liebe möchte.

Bevor man Jesus verurteilte, wurde er von Petrus dreimal verleugnet – und zwar aus Angst. Im Anschluss an diese Begebenheit lesen wir in Johannes 21,15-17, wie Jesus Petrus dreimal nach seiner Liebe zu ihm fragte. Jesus sprach dabei zweimal von der *Agape* (griech.) – der bedingungslosen und göttlichen Art von Liebe. Doch Petrus antwortete ihm jedes Mal mit *Philea* – der freundschaftlichen Liebe. Nun, das ist ein wesentlicher Unterschied! Die *Agape* liebt, Punkt. Ohne zu zweifeln, bedingungslos. Die freundschaftliche Liebe hingegen ist nicht immer so standhaft. Sie kann variieren und von verschiedenen Umständen abhängig sein. Eine freundschaftliche Liebe kann zerbrechen.

Mich berührt in diesen Versen der Bibel, dass Jesus explizit die Frage stellt: „Liebst du mich?" Und er möchte das auch dich fragen: „Liebst du mich?" Wie antwortest du ihm? Mit: „Ja, klar liebe ich dich!" Oder mit: „Ein bisschen ... ich weiß nicht so genau ..."?

Lass dir vielleicht auch einfach Zeit, bis du ihm eine Antwort gibst.

Er möchte deine ganze Liebe für sich haben. Wie in 5. Mose erwähnt: „von ganzem Herzen".

„Liebst du mich?", hatte Jesus Petrus gefragt. Und wie antwortete er? „Ja, klar **hab'** ich dich **lieb,** Herr!" Doch das war nicht die Frage gewesen. Das wäre in etwa so, wie wenn mein Mann mich fragen würde: „Cinzia, liebst du mich?" Und ich antwortete ihm mit voller Überzeugung: „Ja, klar hab' ich dich lieb!" Merkst du den feinen Unterschied? In der griechischen Sprache ist das deutlicher, da zwei verschiedene Begriffe verwendet werden – *agapao* und *phileo* – wie oben bereits beschrieben.

Zweimal fragt Jesus Petrus nach der *Agape* (der bedingungslosen Liebe), beim dritten Mal verwendet er nur noch *Phileo* (die freundschaftliche Zuneigung). Das versteht Petrus und wird betrübt. Dreimal hatte er Jesus verleugnet und dreimal fragte Jesus ihn hier nach seiner Liebe, wobei er beim dritten Mal Abstriche macht.

Ich denke, dass Petrus in dieser Begegnung mit seinem alten Ich konfrontiert wurde. Jesus spricht ihn dabei auch nicht mit „Petrus" an – dem neuen Namen seiner göttlichen Berufung –, sondern mit „Simon, Sohn des Jonas", sozusagen seinem bürgerlichen Namen. Jesus wollte sichergehen, dass Petrus seiner Berufung als Menschenfischer nachgehen würde, denn nach Jesu Kreuzigung hatte er wieder in seinen alten Beruf als Fischer zurückkehren wollen. Er war wohl innerlich zermürbt und traurig, weil er Jesus verleugnet hatte, und fühlte sich nicht mehr berufen und würdig, Jesus nachzufolgen. Aus diesem Grund konfrontierte Jesus ihn nach der Auferstehung und zeigte ihm, was da noch in seiner Seele steckte, um ihn von dieser traumatischen Erfahrung zu befreien und zu heilen und um seine Berufung zu erneuern: „Weide meine Lämmer! ... Hüte meine Schafe! ... Weide meine Schafe!" (Johannes 21,15-17 ELB).

So ist unser himmlischer Vater. In seiner großen Liebe und Barmherzigkeit möchte er uns frei machen von allem, was uns daran hindert, ihm zu folgen und ihn zu lieben. Er möchte uns helfen. Konfrontiert zu werden, ist oft schmerzhaft. Wer möchte das schon? Das Resultat davon soll jedoch nicht Zerstörung, sondern Heilung sein.

Wie gehen wir mit Konfrontation und konstruktiver Kritik um? Petrus wurde mit sich selbst konfrontiert. Die Absicht war nicht, ihn zu verurteilen, sondern ihm zu helfen, den Willen Gottes zu tun und auch zu erkennen, was sich noch in seiner Seele bzw. seinem Herzen bewegte. Wir tun gut daran, wenn wir konstruktive Kritik annehmen. Das kann helfen, Haltungen in unserem Herzen, die nicht mit Gottes Wort konform sind, daraus zu verbannen. Und das hilft uns beim Weiterkommen.

Merke: Jesus klagt uns nicht an.

So gibt es nun keine Verdammnis für die, die in Christus Jesus sind (Römer 8,1).

Vertiefen und anwenden

Geboren, um zu lieben

Gott hat uns Menschen geschaffen, weil er ein Gegenüber haben wollte. Sein Motiv war Liebe. Die Liebe lebt vom Geben und Nehmen; es findet ein Austausch statt. Er hat sich gefreut, als er dich geschaffen hat.

- Kannst du es glauben und auch annehmen, dass er dich liebt und Gemeinschaft mit dir haben möchte?

____

____

____

____

____

- Mit welcher Liebe liebst du ihn? Mit der *Phileo* (der freundschaftlichen Zuneigung) oder mit *Agape* (der bedingungslosen Liebe)? Schreibe deine Empfindungen hierzu auf.

____

____

____

____

____

Kapitel 3

Bühnenreif

Als Kind träumte ich von der Bühne. Mir gefiel die Idee, da oben zu stehen, während mich die Menschen anschauen würden, um zu sehen, was ich kann. Damals zog ich mir die Kleider von meiner drei Jahre älteren Pflegeschwester an. Dann tat ich so, als liefe ich als Model auf dem Laufsteg. Meine Pflegeschwester war meine Zuschauerin und mein Fan. Sie war begeistert. Wir fanden das beide toll. Mein Ziel war, dies eines Tages zu erreichen. Hinter diesem Traum, auf der Bühne zu stehen, verbarg sich der tiefe Wunsch nach Liebe und Aufmerksamkeit. Ich wollte gesehen und akzeptiert werden. Als junge Erwachsene wurde ich dann tatsächlich fast zeitgleich von einem Fotographen und dann von einem männlichen Model und Tänzer angesprochen – ob ich modeln und tanzen wolle. Mein Traum wurde wahr.

Es folgte ein dreimonatiger Model-Kurs. Dort lernte ich verschiedene Schritt- und Drehkombinationen. Der Kurs war noch nicht ganz beendet, als es auch schon losging. Ich stand mit der Tanzgruppe regelmäßig vor vielen Menschen auf der Bühne. Wir reisten durch halb Deutschland. Sogar in Wien hatten wir einmal einen Auftritt. Ich lief auf Modeschauen und war Haarmodel eines renommierten Friseurs. Man buchte mich auch als Gogo-Girl, worauf ich wirklich nicht stolz bin. Da tanzte ich in Discos in Käfigen – und das nicht gerade mit einem Mantel bekleidet. Damals genoss ich es. Tanzen war meine Leidenschaft.

Das alles konnte mein Herz aber nicht füllen. Es blieb kalt und leer. Der Applaus und die Blicke der Menschen konnten mir nicht helfen, aus der Ablehnung und Traurigkeit herauszukommen. Aber *warum* nicht? Was war los? Ich lebte doch meinen Kindheitstraum aus. War mittendrin. Und doch hat mir das alles nichts geben können.

> *Denn was hilft es dem Menschen, wenn er die ganze Welt gewinnt, aber sein Leben verliert? Oder was kann der Mensch als Lösegeld für sein Leben geben?* (Matthäus 16,26 SLT).

Kein Ruhm, keine Reichtümer dieser Welt können dich wirklich glücklich machen. Du kannst alles besitzen – ein schönes Haus haben, einen tollen Partner, eine verschmuste Katze –, das alles kann nicht in vollem Maße dein Herz erfüllen und dein Leid wegnehmen. Gott allein kann dir geben, was du wirklich brauchst. Nur er weiß ganz genau, wie es in dir aussieht. Er sieht und kennt deine Gedanken. Die Menschen um dich herum sehen nur dein Äußeres. Gott dein Schöpfer sieht dagegen tief in dein Inneres hinein! Er weiß, wie es um dich steht und was du benötigst.

Oft wünschen wir uns, dass uns eine nahestehende Person einen Befreiungsstoß gibt – uns also hilft, aus unserer Höhle herauszukommen. Das kann natürlich auch hilfreich sein, indem wir Ermutigung erhalten. Aber in der Bibel werden wir dazu ermutigt, auf den Herrn zu vertrauen und nicht auf Menschen.

> *Es ist besser, sich bei dem HERRN zu bergen, als sich auf Menschen zu verlassen* (Psalm 118,8 ELB).

Ein Mensch kann uns enttäuschen, egal, wie nah er uns stehen mag. Es muss nicht einmal mit Absicht passieren. Da wir aber Menschen sind, sind wir nicht fehlerlos. Jeder hat sein Päckchen zu tragen und kämpft mit gewissen Schwächen. Oftmals erwarten wir aber, von unseren Eltern, Kindern oder Partnern verstanden zu werden. Wir machen unseren seelischen Zustand von ihnen abhängig. Dabei sind sie gar nicht in der Lage, uns voll und ganz zu verstehen, selbst wenn sie es wollten. Du kannst dich noch so bemühen, um Lob, Anerkennung oder Bewunderung zu erhalten, aber was du suchst und tatsächlich brauchst, kannst du nur bei deinem himmlischen Papa bekommen. Er wird dich nie und nimmer enttäuschen! Er ist dein Helfer. Er kommt nie zu spät. (Jemand sagte einmal, dass er aber auch nicht zu früh kommt ☺.)

Vertiefen und anwenden

Bühnenreif

Jeder Mensch hat Sehnsüchte und Träume. Wir leben in einer materiellen Welt. Wenn du in Deutschland lebst, gehörst du schon zu den reichsten Menschen der Erde. Wir haben genügend zu essen und ein Dach über dem Kopf – wirf nur einmal einen Blick in die armen Länder! Und doch ist unser Herz oft unerfüllt, nie zufrieden und möchte immer mehr.

- Welche(s) Ziel(e) verfolgst du in deinem Leben? Wonach sehnst du dich?

- Gibt es etwas, das dich daran hindert, dieses Ziel zu erreichen?

- Suchst du Ruhm und Anerkennung bei den Menschen? In welchen Situationen und bei wem?

- Bist du glücklich? Schreibe den Grund auf.

Kapitel 4

Liebst du dich?

Die Antwort darauf ist wirklich entscheidend für dein Leben! Gerade wenn man viel Ablehnung erfahren hat, ist die daraus resultierende Konsequenz, dass man sich selbst ablehnt und demnach auch nicht liebt. In der Kindheit versteht man vieles noch nicht. Wenn man abgelehnt und nicht verstanden wird, sucht man gerne, auch unbewusst, die Schuld bei sich selbst. Man hinterfragt sich, und ständig kreist im Kopf der Gedanke, dass etwas mit der eigenen Person nicht stimmt. Tausende Male war ich selbst davon betroffen.

„Man kann nur geben, was man selbst empfangen oder gelernt hat. Alles andere muss man sich aneignen und erkämpfen." Diesen Satz habe ich schon von einigen Menschen gehört. Ein sehr wichtiges Gebot in der Bibel besagt, dass wir unseren Nächsten lieben sollen wie uns selbst. Ich war dazu nicht fähig, weil ich keine Liebe erhalten hatte. Doch ich wollte liebesfähig sein. Das wünschte ich mir von ganzem Herzen. Daher musste ich an mir arbeiten. Ich wusste aber nicht, wie ich das anstellen sollte. In meiner Verzweiflung rief ich zu Gott.

Eines Tages kam mir plötzlich gerade dieser Bibelvers in den Sinn, dass ich meinen Nächsten lieben solle, wie mich selbst. **Wie mich selbst?** Das traf mich. Es wurde in diesem Moment zu einem „Rhema", also einem aktuellen Wort Gottes für mich – lebendig und greifbar. *Wie mich selbst* ... das war ja gerade das Problem! Und was nun?

Nun wusste ich zwar, dass ich genau da ansetzen musste – das war der Schlüssel für mich –, aber es schien so schwer und unerreichbar. Wie sollte ich das schaffen? Mein ganzes Leben lang hatte ich mich **nicht** geliebt. Selbst mein Mann wusste sich schließlich keinen Rat mehr und sagte mir eines Tages: „Jetzt bist du dran, mir Liebe zu zeigen." Ich erblasste. Was, ich? Wie denn? Ich war verzweifelt.

Gefühlsmäßig zog mein ganzes Leben an mir vorbei. Ich verspürte eine zentnerschwere Last auf mir. In meiner großen Not wandte ich mich an Gott. Und er gab mir eine Strategie.

Ich fing an, mir bestimmte ermutigende Bibelverse aufzuschreiben, die ich eine Zeit lang täglich über mich aussprach. Mein Büro tapezierte ich mit Postkarten – alle über das Thema Liebe. Regelmäßig dankte ich Gott für seine Liebe mir gegenüber.

Es hat gedauert, bis dieser Same der Wahrheit tief in mein Herz gefallen war. Aber ganz ehrlich: Wenn er uns liebt, können und sollen wir uns auch selbst lieben. Wer sind wir denn, dass wir uns selbst ablehnen, wo doch Jesus einen so hohen Preis am Kreuz für uns bezahlt hat? Er kam als Mensch auf die Erde, um ein Werk zu vollenden: Um für unsere Sünde und Schuld zu sterben, damit wir freien Zugang zu Gott haben. Dadurch, und nur dadurch, können wir frei von unserer alten, sündigen Natur werden. Was hat ihn dazu bewegt? Nur eins: die LIEBE.

Diese Liebe ist das größte Geschenk an uns. Du darfst es dankend annehmen. Es ist auch dein Geschenk! Geschenke sind schön. Du freust dich bestimmt, wenn du eins bekommst. Du musst es aber auspacken, um den Inhalt zu sehen. Sonst weißt du nicht, was sich hinter dem Geschenk verbirgt. Finde Gottes Liebe heraus, indem du dich seiner Liebe zuwendest. Öffne ihm und dir gegenüber dein Herz.

Lasst uns lieben, denn er hat uns zuerst geliebt (1. Johannes 4,19).

Gott, unser Vater, hat den ersten Schritt auf uns zugemacht. Er ist der Ursprung aller Liebe. Er hat sie „erfunden". Also fließt die Liebe aus ihm heraus – auf uns und in uns hinein. Gerade sehe vor meinen inneren Augen einen Wasserfall. Wenn wir uns darunter stellen, werden wir von Wasser umspült. Es erfrischt uns. Wenn wir uns Gott komplett hingeben, werden wir von seiner Liebe total erfasst und umgeben. Dadurch werden wir fähig, unseren Nächsten, uns selbst und natürlich ihn zu lieben.

Seine Liebe ist unbeschreiblich. Sie ist vollkommen. Durch seine Liebe werden wir fähig, anderen und uns selbst zu vergeben. Seine Liebe besitzt die Kraft, dich komplett wiederherzustellen und aufzurichten, egal in welchem Bereich. Nimm diese wundervolle Liebe für dich in Anspruch! Sag ja zu dir selbst, akzeptiere und liebe dich. Als ich das lernte, hörte ich damit auf, mich selbst zu bekämpfen – denn in diesem Kampf hatte ich ständig gestanden, mit mir selbst und gefühlt mit der ganzen Welt. Zu lieben bedeutet zu ertragen, auszuhalten, zu vergeben. Das schließt auch dich selbst ein!

> Liebe dich selbst, und alles andere wird sich von selbst ergeben.
>
> Lucille Ball

Sich selbst zu lieben bedeutet, ein erfülltes, glückliches Leben zu führen. Wenn du dich selbst liebst und annimmst, kannst du dich besser um dich kümmern und auch anderen mit Liebe und Respekt begegnen, denn aus dir wird dann nichts Ablehnendes mehr hervorkommen können, weil dein Herz frei von Selbstablehnung ist.

Vertiefen und anwenden

Liebst du dich?

Sich selbst zu lieben, ist der Schlüssel, um ein glückliches und erfülltes Leben zu führen. Sich selbst zu lieben heißt, auch seine Schwächen anzunehmen. Gott liebt dich! Er hat dich zuerst geliebt. Also kannst und sollst du dich selbst ebenfalls lieben.

- Liebst du dich? Ja/nein, weil ...

- Hast du während deiner Kinder- und Jugendzeit Liebe und Annahme erfahren? Hast du eine besondere Erinnerung daran?

- Wie gehst du mit deinen Mitmenschen um? Finde Beispiele.

- Fällt es dir leichter, andere zu lieben und zu respektieren, als dich selbst? Weshalb?

Kapitel 5

Dein Selbstbild

Um ein erfülltes Leben führen zu können, ist das Selbstbild, das man von sich hat, enorm wichtig und richtungsgebend. Wie du dich im Inneren siehst, so wird es im Äußeren zum Ausdruck kommen. Stell dir also einmal die Frage: *Wie trete ich vor Menschen auf? Vor Menschen, die ich liebe* bzw. *vor Autoritätspersonen?*

Dein Selbstbild trägst du in deinem Inneren, in deinem Herzen. Oft aber hat man ein verzerrtes Bild von sich selbst. Man sieht sich nicht, wie man wirklich ist. Die Sicht ist vernebelt.

Wie du dich selbst siehst, ist also eine entscheidende Frage. Bist du im Einklang mit der Weise, wie Gott dich sieht? Oder ist dein Selbstbild verzerrt und gebrochen? Davon hängt nämlich dein Lebensstil ab.

Mein Selbstbild war sehr kaputt und verzerrt. Mein eigenes Spiegelbild war gefühlt in 10.000 Scherben zersprungen. Ich habe mich früher gehasst und als hässlich empfunden. Wenn ich in den Spiegel schaute, verabscheute ich mich oft, obwohl ich von anderen immer wieder das Gegenteil hörte; doch das kam bei mir nicht an, weil ich mich in meinem Inneren ablehnte.

Auch das Leben als Tänzerin und Model konnte mein Selbstbild nicht korrigieren. Ich fühlte mich alt und nutzlos. Aus diesem Grund fiel es mir schwer, Gottes Gedanken über mich zu glauben und zu akzeptieren. Einmal habe ich sogar mein eigenes Spiegelbild angespuckt. Ich konnte mich einfach nicht leiden. Am liebsten wäre ich vor mir selbst abgehauen, aber so etwas gibt es nur in Science-Fiction-Filmen.

Man liest in Zeitschriften, dass man ist, was man isst. Da ist zum Teil auch etwas Wahres dran. Meine Erfahrungen haben allerdings gezeigt, dass du bist, was du über dich denkst und glaubst.

Wir kennen alle das Märchen *Schneewittchen*. Schneewittchens Stiefmutter, die Königin, wollte stets die Schönste sein. Sie suchte immer wieder die Bestätigung von ihrem Spiegel: *Spieglein, Spieglein an der Wand, wer ist die Schönste im ganzen Land?* Jedes Mal, wenn der Spiegel antwortete, dass sie die Schönste sei, war sie zufrieden. Dann war alles gut – dachte sie zumindest. Sie war sich ihres Minderwertigkeitskomplexes nicht bewusst. Sie brauchte einen Spiegel, der ihre Schönheit bestätigte, und diese Bestätigung suchte sie oft. Aber die Antwort beruhigte sie nicht wirklich. Da war immer diese Angst, nicht mehr „die Schönste im ganzen Land" zu sein.

Du brauchst diesen Spiegel nicht, um zu wissen, dass du wunderbar gemacht worden bist. Das sagt nämlich Gott über dich: „Du bist mein Kunstwerk, meine geliebte Tochter, mein geliebter Sohn. Geschaffen zu guten Werken, die für dich vorbereitet sind, um sie zu erfüllen" (vgl. Epheser 2,10).

Du glaubst das nicht? Ich verstehe dich. Und Gott dein Vater noch viel mehr. Ich konnte es lange Zeit auch nicht glauben und auch nicht wirklich verstehen, dass er gerade mich lieben sollte. Aber weißt du was? **Ich habe Gottes Wort zu meinem Spiegel gemacht. Nun betrachte ich mich durch sein Wort.** Und wenn er sagt, dass ich kostbar, einzigartig und angenommen bin, dann stimmt das auch – denn er lügt nicht. Er würde mir auch nicht einfach schmeicheln, wie Menschen das tun. Sondern er ist immer ehrlich zu mir. Wenn er mir sagt, dass er mich liebt, dann kann ich ihm das glauben! Wenn ich ihm nicht glaubte, würde ich ihn ja zum Lügner machen. Und das ist er ganz und gar nicht! Er ist sogar die personifizierte Wahrhaftigkeit: ***„Ich bin** der Weg, **die Wahrheit** und das Leben …"* (Johannes 14,6).

Natürlich braucht es Zeit, ein verzerrtes Selbstbild zurechtzurücken. Ich habe leider viel zu viel Zeit dafür benötigt, weil in mir, bedingt durch meine Kindheit und Erfahrungen, viel Zerstörerisches war. Ich dachte, dass Gott mir nicht helfen könne, weil ich zu kompliziert für ihn sei und seiner Hilfe auch nicht wert. Ich glaubte, es zu verdienen, traurig zu sein; fröhliche Unbeschwertheit stehe mir nicht zu. Das habe ich tatsächlich gedacht. Aber diese Gedanken gehen einfach nicht konform mit Gottes Wort – mit dem, was ER über mich sagt und denkt.

Gottes Wort muss unser Maßstab sein, unsere Bedienungsanleitung. Es ist voller wertvoller Ratschläge, verbunden mit Offenbarungen über Gottes Absichten für uns. Ich hätte nie gedacht, dass die Bibel so spannend und inspirierend ist. Sie ist nicht umsonst das meistverkaufte Buch der Welt. Es macht Spaß und bringt großen Segen sie zu lesen. Sie ist auf unser Leben anwendbar.

Wenn du dir ein neues Gerät kaufst, schaust du in der Bedienungsanleitung, wie du es in Betrieb nehmen kannst. Darin stehen z. B. technische Daten, Sicherheitsanweisungen, Ingebrauchnahme, Montageanleitung und noch einiges mehr. Wenn du möchtest, dass das Gerät sachgemäß funktioniert, brauchst du diese Beschreibung.

Für seelische Heilung und für deinen geistlichen Wachstumsprozess brauchst du die Anleitung der Bibel. Darin findest du, was gut für dich ist, und was nicht: praktische Tipps, Ermutigungen, Weisungen (Gebote), den Willen Gottes und noch vieles mehr.

Mein zuvor verzerrtes Selbstbild wurde durch sein Wort liebevoll und sanft korrigiert. Ich bin, was ich bin, durch seine Gnade (vgl. 1. Korinther 15,10). Wie habe ich das geschafft? Ich habe mir viele Bibelverse herausgeschrieben, die über meinen Wert in Christus sprechen, die aussagen, wer ich **in ihm** bin. Am Schluss dieses Buches findest du eine Auflistung einiger ermutigender Bibelverse. Ich habe sie mehrere Monate lang jeden Morgen auf dem Weg zur Arbeit gelesen und über mich ausgesprochen. Nach und nach bemerkte ich, wie diese Wahrheiten in meine Gedanken und in mein Herz eindrangen. Das war meine persönliche Hausaufgabe.

Als nächsten Schritt habe ich mich vor den Spiegel gestellt und über mich ausgesprochen, dass ich wunderbar gemacht und hübsch bin. Am Anfang war es etwas seltsam und sehr ungewohnt, plötzlich Schönes über mich auszusprechen. Ich fühlte mich, als käme ich vom Mond. Aber es war sehr heilend und befreiend. Wir müssen das Negative in unserem Leben gegen Positives und die Lügen gegen die Wahrheit Gottes austauschen – und zwar so lange, bis die Wahrheit Gottes feste Wurzeln geschlagen hat. Bis es Klick macht und du weißt ... dass du weißt ... dass du weißt ... dass dir diesen Samen niemand mehr rauben kann. Es zählt, was Gott dein Schöpfer über dich sagt, nicht, was du vielleicht von deiner Mutter, deinem Vater, einem Geschwisterteil, Lehrer oder von Freunden gesagt bekommen hast. Korrigiere dein Selbstbild, wenn es nicht so ist, wie es sein sollte. Bleib dran!

Vertiefen und anwenden

Dein Selbstbild

Dein Selbstbild ist die Art und Weise, wie du dich selbst definierst, wie du in deinem Herzen und Verstand über dich denkst und fühlst. Das Selbstbild ist ein Ergebnis von durchlebten Erfahrungen, Erziehung und sozialen Kontakten. Ein positives Selbstbild bringt Sicherheit und Achtung vor sich selbst. Ein negatives führt zu Verschlossenheit und Minderwertigkeit.

- Wie siehst du dich selbst, und warum?

- Was kannst du tun, um dein Selbstbild zu verbessern?

Kapitel 6

Im Angesicht meiner Feinde

Du bereitest vor mir einen Tisch im Angesicht meiner Feinde (Psalm 23,5a).

Dieser Vers sagt uns, dass wir Feinde haben. Wer oder was ist dein Feind?

Einer davon ist der Teufel. Er geht gegen alles vor, was christlich ist. Er wird „der Vater der Lüge" genannt (vgl. Johannes 8,44), der Durcheinanderbringer. Es gibt aber eine sehr gute Nachricht: Er ist besiegt. Er ist ein bereits überwundener Feind. Durch den Tod und die Auferstehung Christi wurde er entwaffnet. Er versucht es trotzdem immer wieder, uns Christen zu belügen und mit Zweifel zu übersäen. Er möchte uns klein halten und unseren Verstand vergiften. Hab keine Angst vor ihm! Beachte ihn nicht und schenke ihm keine Aufmerksamkeit!

Dann gibt es noch einen anderen Feind – und das bist du selbst; das ist dein altes Ego, deine durch die Vergangenheit geprägte Seele.

Vor sehr vielen Jahren war ich in Italien auf einer christlichen Jugendfreizeit. Am Abend gab es eine Predigt. Der Prediger sagte darin: „Dein größter Feind ist nicht der Teufel, sondern du selbst." Innerlich bin ich dagegen aufgestanden. Diese Aussage hat mich aufgeregt. *Was sagt er denn da?* Dann ergänzte er: „Der Teufel ist besiegt. Dein altes Ich, deine alte sündige Natur, aber nicht." Er hatte recht. Wie stand ich denn zu mir selbst? Wie waren meine Gedanken über mich selbst? Nicht gut. Gar nicht gut! Denn sie waren geprägt von einer verkorksten Kindheit.

Wir müssen Frieden mit uns selbst schließen und das Vergangene hinter uns lassen. Ansonsten schleppen wir immer einen schweren Rucksack auf unseren Schultern herum. Dein Feind kann anders heißen als mein Feind. Mein größter Feind hieß Ablehnung, Selbsthass, Minderwertigkeit, Wut, Unfähigkeit. Egal, wie dein Feind auch heißen mag, du musst ihn konfrontieren und durch die Liebe des Vaters und das Wort Gottes besiegen. Ein Feind hat bekanntlich nichts Gutes im Sinne. Er möchte seinen Gegner vernichten. Seine Absicht ist, ihm Schaden zuzufügen.

In Psalm 23 lesen wir, dass uns der Tisch vorbereitet ist. Mit der Zeit ist mir klar geworden, dass ich alles, was ich zur inneren Heilung und Befreiung brauche, im Wort Gottes und in seiner immensen Liebe finde. Der Tisch ist gedeckt mit wundervollen Verheißungen und Zusagen über mein Leben, mit Liebe und Annahme, mit Anerkennung und Wertschätzung, und z. B. auch mit geistlichen Gaben. Ich muss nur lernen und mich trauen, von diesem gedeckten Tisch zu essen. Das nimmt mir Gott nicht ab. Er steht aber helfend zur Seite. Er sagt zu dir: „Iss mein Kind, glaube an mein Wort! Es wird Balsam für deine Seele sein. Nimm von allen guten Gaben, die ich für dich habe! Du wirst davon keine Unverträglichkeiten bekommen."

Meine Pflegemutter hat oft am Bett vor dem Schlafen mit mir zusammen den Psalm 23 aufgesagt. Der erste Vers besagt, dass der Herr mein Hirte ist und es mir an nichts mangeln wird. In Vers 5 steht dann: „Du bereitest vor mir einen Tisch im Angesicht meiner Feinde." In den vergangenen Jahren habe ich immer wieder darüber nachgedacht. In Vers 1 steht, dass mir nichts mangeln wird und in Vers 5, dass ich Feinde habe. Was denn nun? Schließt sich das nicht gegenseitig aus?

Lass uns zuerst den Tisch anschauen. Gott bereitet ihn für uns. Stell dir im Natürlichen einen reich gedeckten Tisch mit allen möglichen Leckereien vor. Von der Vorspeise bis zum Dessert, von allem ist etwas da. Du stehst vor diesem Tisch und schaust dir diese Überfülle an. Du darfst dir nehmen und essen, was du willst. Das entscheidest allein du. Nimmst du reichlich davon, oder wirst du hungrig wieder weggehen?

Im geistlichen Bereich ist es genauso. Gott bereitet uns einen Tisch mit allen guten Dingen vor: Gaben, Talente, geistliches Wachstum, Friede, Freude, Liebe, Freiheit, Wertschätzung, Identität in ihm und noch vieles mehr. Was machst du damit? Lässt du sie stehen oder nimmst du sie an?

Im natürlichen Bereich müssen wir eventuell etwas aufpassen, wie viel Nahrung wir zu uns nehmen, um nicht an Gewicht zuzunehmen. Aber im geistlichen Bereich ist es genau umgekehrt. Hier sollen wir zunehmen und wachsen – und zwar in den Gaben, die Gott uns gibt, und in der Frucht des Geistes, was sich in einem wunderschönen Charakter auswirkt. Wir sollen zunehmen in der Liebe, in guten Taten, in der Güte und Freundlichkeit. Das sind doch alles erstrebenswerte Eigenschaften. Davon bekommt man sicher keine depressive Verstimmung. Iss von den guten Gaben, die Gott für dich vorbereitet und extra auf dich abgestimmt hat. Nimm reichlich davon! Das wird dir nicht schaden, sondern Freude und Zufriedenheit geben.

Was hat es nun mit dem Feind auf sich? Nun, mein größter Feind war, wie bereits gesagt, ich selbst. Ich stand mir selber im Weg und bekämpfte mein eigenes Ich. Dieser Kampf führt natürlich nicht zum Sieg, solange du dich selbst ablehnst. Du gewinnst diesen Kampf nur mit Liebe und Annahme. Nimm die bedingungslose Liebe und Akzeptanz des himmlischen Vaters an und sprich sie über dich aus. Fang an, dich so zu lieben, wie er es tut. Das geht! Das kannst du, denn mit ihm stehst du auf der Siegerseite. Die göttliche Wahrheit über dich aussprechen, das musst du selbst tun. Das kann keiner für dich übernehmen. Schau weg von dir und stattdessen auf IHN. Indem du auf ihn siehst, schaust du automatisch von dir selbst weg. Er ist so voller Liebe für dich. Du bist ihm nicht zu viel. Und denke auch nicht, dass du ihn stören könntest. Er möchte dein Leben segnen und führen.

Deine Feinde können immer wiederkehrende Gedanken der Zerstörung sein, Traurigkeit, Depression, Hoffnungslosigkeit, Minderwertigkeitsgefühle, Wut, Frustration und noch vieles mehr. Kennst du deinen Feind?

Überlege jetzt mal kurz! Kennst du ihn wirklich? Das ist eine wichtige Frage. Wenn du ihn identifiziert hast, dann diskutiere nicht lange mit ihm herum. Konfrontiere ihn! Nenne ihn beim Namen und verabschiede dich von ihm. Auch wenn dein Feind (Gefühle, Gedanken, Haltungen) immer wieder mal aufmucken möchte, weise ihn zurecht.

Mir ist bewusst, dass dies nicht immer leicht ist – vor allem am Anfang. Es ist ein Kampf und ein Prozess. Aber irgendwann musst du damit beginnen, um frei zu werden. Also fang an, regelmäßig „Kehrwoche" in dir zu halten. Fege alles hinaus, was nicht mehr bleiben soll.

Bei mir war es ein ständiges Auf und Ab, eine Berg- und Talfahrt. Zu Beginn hatte ich mehr Niederlagen als Siege. Mit der Zeit lernte ich aber, die Gedanken und Gefühle kurz zu analysieren. Tun sie mir gut? Sind sie mit Gottes Wort konform? Kommen sie von meinem geliebten Vater? Nein? Also dann weg damit! Wieso sollten wir uns mit negativen Gedanken und Emotionen lange auseinandersetzen? Sie tun doch weder unserer Seele noch unserem Körper gut. Du musst sie nicht auf dich nehmen. Verbanne sie aus deinem Kopf! Nimm jeden Gedanken gefangen unter den Gehorsam Christi (vgl. 2. Korinther 10,5). Achte penibel auf deine Gedanken, denn daraus werden Worte und Handlungen.

Vertiefen und anwenden

Im Angesicht meiner Feinde

> Wenn du dich und den Feind kennst, brauchst du den Ausgang von hundert Schlachten nicht zu fürchten. Wenn du dich selbst kennst, doch nicht den Feind, wirst du für jeden Sieg, den du erringst, eine Niederlage erleiden. Wenn du weder den Feind noch dich selbst kennst, wirst du in jeder Schlacht unterliegen.[1]

Es ist wichtig, den Feind zu identifizieren, um ihn siegreich bekämpfen zu können. Du musst wissen, mit wem oder was du es zu tun hast, denn so kannst du es beim Namen nennen. Identifizieren hat etwas mit Erkennen zu tun. Das Gegenteil davon ist Anonymität. Und das wiederum heißt, dass du deinen Feind oder Widersacher nicht identifizieren und somit auch nicht besiegen kannst.

- Wer ist dein Feind?

____

____

____

____

____

- Wie kannst du ihn besiegen?

____

____

____

____

____

[1] Sunzi, Die Kunst des Krieges: https://beruhmte-zitate.de/zitate/135932-sunzi-wenn-du-dich-und-den-feind-kennst-brauchst-du-den/

- Vor dir steht der von Gott gedeckte Tisch. Was würdest du als Erstes davon nehmen, und weshalb?

____

____

____

____

____

- In welchen Bereichen deines Lebens hast du schon Siege errungen?

____

____

____

____

____

Ratschlag:

Sei dankbar für die Siege und Prozesse, die du bereits erlangt hast.

Kapitel 7

Die Wurzel und ihr Ursprung

Für alles gibt es einen Ursprung, einen Beginn bzw. eine Herkunft. Warum bin ich so, wie ich bin? Oder warum ist etwas so, wie es ist? Diese Fragen habe ich mir schon hundertfach gestellt. Ich habe nicht auf alles eine Antwort, und vielleicht ist das auch gut so. Es gibt Dinge im Leben, die man einfach stehen lassen muss. Es bringt keine gute Frucht hervor, wenn man krampfhaft nach Antworten sucht. Das kann sehr frustrieren und uns davon abhalten, weiterzugehen.

Was hat es also mit der Wurzel auf sich? Schauen wir uns zuerst die Natur an. Die Wurzel sieht man in der Regel nicht, weil sie meistens unter der Erde ist. Sie ist ein Teil von einer Pflanze oder einem Baum. Man sagt auch: Je tiefer die Wurzel, desto stärker der Baum. Zwar sieht man sie nicht, wohl aber, um was für einen Baum es sich handelt – spätestens dann, wenn er Früchte trägt.

Auch die Bibel spricht davon:

> *Denn es gibt keinen guten Baum, der faule Frucht trägt, noch einen faulen Baum, der gute Frucht trägt. Ein jeder Baum wird an seiner eigenen Frucht erkannt. Denn man pflückt nicht Feigen von den Dornen, auch liest man nicht Trauben von den Hecken* (Lukas 6,43-44).

Voraussetzung für eine gute, gesunde Frucht ist also die Wurzel. Gesunde, starke Wurzel = gesunder Baum und gute Frucht. Die Wurzel liegt sozusagen im Verborgenen, und dennoch kann man anhand der Frucht oder auch des Ergebnisses sehen, ob die Wurzel gut und gesund ist oder nicht. Sie ist für das Wachstum ausschlaggebend. Wenn bei einem Zahn die Wurzel krank ist, muss der Zahn eventuell sogar gezogen werden.

Nun zurück zu uns. Jeder Mensch hat einen Charakter. Hierüber habe ich zu Beginn geschrieben. Wir haben demnach gute und weniger gute Charakterzüge bzw. Eigenschaften. Die weniger guten oder sogar schlechten Eigenschaften wollen wir loswerden. Aber wie? Und welche Charaktereigenschaft hat welchen Ursprung? Was steckt in unserem Herzen?

Es ist wie das Prinzip von Saat und Ernte. Was wurde jahrelang in dich hineingesät? Bei mir war es vor allem Ablehnung und Lieblosigkeit. Daraus entstanden viele Wurzeln, wie Bitterkeit, Minderwertigkeit, Selbstablehnung, Wut, Traurigkeit und noch einiges mehr.

Damit eine Frucht nicht mehr nachwachsen kann, ist es nötig, die Wurzel zu ziehen. Wenn du Probleme mit Minderwertigkeit hast, dann suche nach der Ursache. Frage dich, woher diese Minderwertigkeit kommt. Wurdest du in der Kindheit/Jugend gemobbt oder nie gelobt und gefördert? Vielleicht wurde ein Geschwisterteil bevorzugt oder deine Klassenkameraden waren klüger als du. Hast du Probleme mit Wut? Dann wurdest du vielleicht ungerecht behandelt und/oder misshandelt. Vielleicht heißt deine Wurzel Ablehnung, weil du diese immer wieder erfahren hast. Alles hat seinen Ursprung. Doch wir müssen das nicht einfach so hinnehmen und schicksalhaft darin verharren.

> *Da sprach der HERR zu ihm: Was ist das da in deiner Hand? Er sagte: Ein Stab. Und er sprach: Wirf ihn auf die Erde! Da warf er ihn auf die Erde, und er wurde zu einer Schlange, und Mose floh vor ihr. Der HERR aber sprach zu Mose: Strecke deine Hand aus und* ***fasse sie beim Schwanz!*** *Da streckte er seine Hand aus und ergriff sie, und sie wurde in seiner Hand zum Stab* ... (2. Mose 4,2-4 ELB).

Packe die Wurzel an, reiße sie aus und kratze nicht nur an der Oberfläche herum! Das wurde mir zur Erkenntnis, als ich diese Bibelverse las.

Egal wie deine ungute Wurzel auch heißen mag, ziehe sie heraus. Schau sie dir an und konfrontiere und zerstöre sie. Sei dir dabei bewusst, dass es ein schmerzhafter Prozess sein kann. Es können Dinge aus der Vergangenheit hochkommen, die man, wenn überhaupt, nur an der Oberfläche gekappt hat. Aber wenn die Wurzel nicht gezogen wird, kommen die Ursachen immer wieder zum Vorschein, selbst wenn es nur im Unterbewusstsein ist. Oft habe ich Aussagen gehört, wie: „Ich habe die Sache begraben und vergessen. Die Person bedeutet mir nichts mehr. Mir ist alles egal!" Doch schon am Ton hört man, dass das Problem nur verdrängt und zugedeckt wurde, nicht aber gelöst.

Hab keine Angst davor, die entsprechende Wurzel aus deinem Leben zu verbannen! Das wird dir nicht schaden, sondern guttun. Nur so kannst du Heilung erfahren. Tausche Wut gegen Sanftmut aus. Beschäftige dich mit schönen Dingen und baue deinen Selbstwert auf.

Eine Definition von Selbstwert lautet: „Selbstwert ist die Bewertung, die man von sich selbst, seinen Eigenschaften und Fähigkeiten hat. Er ist eine relativ stabile persönliche Eigenschaft. Der Selbstwert wird davon beeinflusst, wie man sich selbst im Moment wahrnimmt und welches Bild man von sich in der Vergangenheit hat. Er wirkt sich auf die Gefühle und das Verhalten aus."[1]

Jesus drückt es in einem Gleichnis aus:

> *Der gute Mensch bringt aus dem guten Schatz seines Herzens das Gute hervor, und der böse bringt aus dem bösen das Böse hervor; denn aus der Fülle des Herzens redet sein Mund* (Lukas 6,45 ELB).

Was und wie reden wir? Anhand dessen können wir prüfen, was in unserem Herzen ist. Du merkst es vor allem bei bestimmten Themen. Plötzlich reagiert man empfindlich und man gibt einen entsprechenden Kommentar ab. Irgendetwas triggert dich plötzlich, löst ein Gefühl oder eine Reaktion bei dir aus. Es ist, als ob jemand einen Schalter betätigt hat und bei dir etwas angesprungen ist.

Ich ertappe mich manchmal dabei, dass ich nicht immer so sanft reagiere, wenn es um bestimmte Themen oder Personen geht. Und genau da kann man ansetzen und sich fragen, weshalb das so ist: „Weshalb löst das jetzt eine solche Reaktion in mir aus? Was stimmt in diesem Bereich in meinem Herzen nicht?" Es ist gut, sich Fragen zu stellen. Es ist auch gut, negative Reaktionen zu hinterfragen. Vielleicht siehst du dich im Recht und möglicherweise bist du sogar im Recht. Das entschuldigt aber nicht ein überzogenes, unwirsches oder sogar aggressives Verhalten und Reden. Damit schadest du dir nur selbst und auch deinem Umfeld. Nicht nur durch die Psychologie, sondern auch durch die Bibel wissen wir, welche Macht sowohl positives als auch negatives Reden hat. Unser Reden

---

[1] https://www.therapie.de/psyche/info/ratgeber/lebenshilfe-artikel/selbstwertgefuehl/artikel/

hat einen großen Einfluss. Du kannst mit Worten einen Menschen aufrichten oder aber auch vernichten.

> *Freundliche Reden sind Honigseim, süß für die Seele und heilsam für die Glieder* (Sprüche 16,24).

Du möchtest, dass es dir gut geht? Dann achte auf dein Reden! Finde heraus, in welchen Bereichen du haderst und weshalb. Im Wort Gottes werden wir ermutigt, unsere Zunge zu hüten. Wenn wir unser Leben lieben und gute Tage sehen wollen, dann sollten wir nichts Böses reden und unsere Zunge im Zaum halten. Das ist nicht einfach. Aber Gott ist treu und hilft uns dabei, unser Herz zu reinigen, all die Dinge darin zu entfernen, die unser Leben erschweren. Er möchte deinen Schmerz lösen und dich von Enttäuschungen frei machen. Er möchte dich von deinen Lasten befreien. Lass es zu und fürchte dich nicht, Gefühle zuzulassen, damit Gott mit dir an die Wurzel und somit an den Ursprung gehen kann.

Vertiefen und anwenden

Die Wurzel und ihr Ursprung

Eine Wurzel kann man in der Regel nicht sehen, weil sie im Boden wächst. Eine Pflanze kann ohne Wurzel nicht überleben, denn durch sie zieht sie Nährstoffe und Wasser aus dem Boden. Die Wurzel ist zwar verborgen, sie hat aber eine enorme Auswirkung.

- Welche Wurzel bzw. Charaktereigenschaft möchtest du loswerden?

- Warum? Wo schränkt sie dich in deinem Leben ein?

- Kennst du den Ursprung?

- Was kannst du tun, um die ungute Wurzel endgültig zu vernichten?

Kapitel 8

Schuld und Scham

Kennst du diese Momente, wo du vor Scham am liebsten im Erdboden verschwinden möchtest? Wo du dich gerne in Luft auflösen würdest, weil du dich vielleicht megamäßig blamiert hast? Oder weil du einfach nicht mehr da sein möchtest ... Ich kenne diese Momente. Und ich bin dankbar, dass es mich noch gibt. Das Leben geht nämlich weiter. Wie es weiter geht, kann ich zum größten Teil mitbestimmen. Halte ich an negativen Erlebnissen fest oder entscheide ich mich dafür, sie loszulassen?

„Schuld" entsteht durch eine falsche Entscheidung. Ein eher banales Beispiel ist, wenn man zu schnell fährt und deshalb geblitzt wird. Dann ist man selbst schuld daran. Es gibt aber weitaus gravierendere Dinge, die man aus Unachtsamkeit oder aus anderen Motivationen heraus angestellt hat. An einigem in meiner Vergangenheit war ich selbst schuld. Die Folge war, dass ich mich dafür schämte.

Scham ist ein Gefühl, eine Emotion. Manche Menschen werden rot im Gesicht, wenn sie sich schämen. Scham kann dazu führen, dass man sich zurückzieht, denn wenn man nichts Bestimmtes macht oder sagt, kann es auch nicht peinlich werden. Rückzug ist aber nie eine gute Lösung, denn sie hindert uns daran, uns zu entfalten und die Freiheit zu genießen, die für uns bestimmt ist.

Während meiner Teenie-Zeit habe ich so einiges an Blödsinn angestellt. Unter anderem fing ich an zu klauen, und zwar Schminke. Frag mich nicht, weshalb ich Schminke geklaut habe, ich weiß es nicht. Zu dem Zeitpunkt habe ich mich nicht einmal geschminkt. Da meine Eltern es nicht wissen und sehen durften, versteckte ich die Sachen. Ich hatte damals eine Geldkassette, in die ich Lippenstifte und Lidschatten eingeschlossen und im Wald unter einer Holzhütte versteckt habe. Die Kassette war dann irgendwann verschwunden. Der- bzw. diejenige war sicherlich enttäuscht, darin kein Geld gefunden zu haben.

Eines Tages klaute ich Schuhe und wurde dabei erwischt. Meine Eltern wurden darüber informiert. Sie waren sehr sauer auf mich. Natürlich haben sie sich auch dafür geschämt. Mir war die ganze Situation sehr unangenehm.

Ein anderes „Vergehen" war, dass ich mich nachts rausgeschlichen habe, um mich mit meinem Freund zu treffen. Nachdem ich von meinem Vater einmal erwischt worden war, kassierte ich eine Tracht Prügel.

In der Schule wurde ich oft gehänselt, weil ich sehr dünn war. Man nannte mich „Skeletta". In der Mittagschule verpasste ich eines Tages einer Schülerin eine Ohrfeige, weil sie mich provoziert hatte. Sie hetzte dann ihre Freundin auf mich und sagte, diese würde mich schlagen, wenn sie mich zu Gesicht bekäme. Daraufhin hatte ich die Hosen voll und bin abgehauen, sobald ich sie sah. Manche Dinge zieht man sich selbst an Land. Und für manche Dinge hat man gar keine Schuld. Die Reaktion ist aber oft die gleiche.

Das Gegenteil von Schuld ist Unschuld. Manche von uns sind ohne eigene Schuld in die Hände von Sexualstraftätern gefallen. So etwas ist furchtbar. Die Seele nimmt dadurch großen Schaden. Häufig werden solche schrecklichen Handlungen aus Scham verheimlicht. Man möchte nicht darüber sprechen. Gedanken der Ohnmacht überfallen die Opfer, und manchmal auch Gedanken, die einem einreden, man sei selber schuld und habe es verdient. So ist es aber nicht!

Lass dir helfen, wenn es dich betrifft. Lass nicht zu, dass dich die Scham innerlich zerfrisst. Vielleicht plagen dich Schuldgefühle, verursacht durch ein falsches Verhalten. Vielleicht hast du etwas nicht verhindert, was du hättest verhindern können. Dann fasse den Mut und sprich mit der Person, die es betrifft. Entschuldige dich bei Menschen, die du verletzt hast. Scham kann ein Hindernis sein, das zu tun, denn Scham bringt auch das Gefühl mit sich, nicht in Ordnung zu sein, falsch zu sein.

Ich hatte früher ein Problem, mich bei Menschen zu entschuldigen, wenn ich mich ihnen gegenüber falsch verhalten hatte. Ich war zu stolz dafür. Dabei habe ich mich nie gut gefühlt, denn mein Gewissen sagte mir, dass ich mich nicht gut verhalten hatte und eine Entschuldigung dran wäre. Aber mein Stolz – und oftmals auch die Scham – hielten mich davon ab. Warum Stolz? Weil es für mich etwas mit Demütigen zu tun hatte. Wieso Scham? Weil ich Angst vor einer ablehnenden Reaktion des anderen hatte.

Vertiefen und anwenden

Schuld und Scham

Schuld und Scham fühlen sich nicht gut an. Man fühlt sich unwohl in seiner Haut. Die Konsequenz ist oft Abkapselung und Rückzug. Man verkriecht sich in sich selbst.

- Fühlst du dich für irgendetwas schuldig?

___

___

___

___

___

- Falls ja, bereinige deine Schuld. Sprich mit der betreffenden Person darüber. Was willst du unternehmen? Wen willst du treffen und was ungefähr möchtest du sagen?

___

___

___

___

___

- Leidest du unter Schamgefühlen? Wenn ja, welcher Art? Schreibe sie hier auf.

___

___

___

___

___

- Falls du Probleme mit Scham hast, dann bringe sie vor Gott und versuche, dich einer Person deines Vertrauens zu öffnen. Du kannst hier dein Gebet zu Gott aufschreiben.

Kapitel 9

Vergeben

Über dieses Thema spricht man in der Regel nicht gerne, weil es einem unangenehm ist und bestimmte negative Emotionen daran hängen. Oft wird das Thema Vergeben unterbewertet. Dabei kann es einen nicht geringen Einfluss auf unser Leben haben, wenn man nicht bereit ist zu vergeben.

Wenn es einen Menschen in deinem Leben gibt, der dir Unrecht getan hat, vergib ihm oder ihr – auch wenn du im Recht bist. Vergebung tut dir selbst gut! Wenn du vergibst, wirst du in deinem Herzen frei. Dieser Mensch weiß möglicherweise nicht einmal, dass er dir Unrecht getan hat, aber du spürst den Schmerz und die Enttäuschung in dir. Du schleppst dieses Unrecht mit dir herum. Es tut dir nicht gut und hindert dich daran, ein erfülltes Leben zu leben. Ja, es kann dich sogar krank machen; nicht umsonst spricht man davon, „gekränkt" zu sein, wenn man ungerecht behandelt wurde. Mangelnde Vergebungsbereitschaft hat Einfluss auf deine Seele und auch auf deinen Körper. Vergib, auf dass es dir gut geht.

Vergebung kannst du auch aussprechen, ohne es dieser Person persönlich zu sagen. Das kannst du selbst entscheiden. Natürlich ist es gut, wenn man Vergebung persönlich aussprechen kann.

Meiner Mutter habe ich es damals gesagt. Ich habe ihr vergeben, dass sie mich weggegeben hat. Einer anderen Person, die mir einmal geschadet hatte, konnte ich es nicht persönlich sagen, weil ich sie nie wieder gesehen habe. Weißt du, wir tun uns vielleicht selbst mehr Gutes, indem wir vergeben, als dem Schuldigen; trotzdem kann es auch für ihn (bzw. für sie) Erlösung und Freiheit bedeuten, wenn er (sie) Vergebung von dir erfährt. Das kommt auf die Situation und das Bewusstsein dieser Person an. Auf jeden Fall macht es *uns* frei und heilt unsere inneren Wunden, wenn wir vergeben.

Vergebung öffnet dein Herz und lässt es wieder weich werden. Vergebung ist ein Geschenk, das du dir selbst machst, denn sie bewahrt dich vor Zorn und Bitterkeit, welche dich im Endeffekt vergiften würden.

Vielleicht räumst du nun ein, dass du dieser Person nicht vergeben kannst. Das glaube ich dir. Aber tu es trotzdem, auch wenn die Vergebung nicht gleich aus dem Herzen kommt. Sprich sie einfach nur aus – das Herz folgt oft später. Das habe ich bei so vielen Menschen erlebt und auch bei mir selbst. Schon das Aussprechen ist wichtig und hilft dabei, weiterzugehen. Lass dir von Jesus helfen! Er hat uns allen vergeben und uns mit Gott dem Vater versöhnt. Er sieht in dein Herz und weiß, wie es dir geht.

Vielleicht bist du auch mit *dir* im Clinch und musst dir selbst vergeben, weil du dich selbst ablehnst und nicht magst. Auf diese Weise führst du eine Art Krieg gegen deine eigene Person. Möglicherweise hast du etwas getan, wodurch du nun denkst, dass du keine Vergebung verdienst. Dann kann ich dich trösten. Niemand von uns verdient das! Gott vergibt uns durch Christus Jesus aus reiner Gnade.

Nimm dich an. Du bist kostbar und gewollt! Wenn Gott, dein liebender Vater, dich annimmt, wer bist dann du, dass du dich ablehnst? Damit lehnst du ja seine Gnade ab. Dessen musste ich mir auch erst bewusst werden. Wenn uns Gott doch vergibt, wer sind dann wir, dass wir nicht vergeben wollen? Er hat uns aus lauter Liebe vergeben. Das ist sein Geschenk an uns. Glaube mir: Er hätte allen Grund dazu, uns Menschen unsere Fehltritte nicht zu vergeben. Und trotzdem tut er es. Er hat sich dazu entschlossen, uns zu lieben und zu vergeben. Seine Gnade ist unverdient. Wir neigen dazu zu sagen: „Er (oder sie) hat das aber nicht verdient!" Nicht wahr?

Manchmal hilft es, sich in die andere Person hineinzuversetzen. Wie geht es ihr dabei? Ist sich die Person bewusst, was sie mir angetan hat? Versuche sie zu verstehen! Vielleicht kennst du sogar den Grund dafür. Das kann helfen, Verständnis aufzubringen. Vergebung ist eine bewusste Entscheidung.

Vergeben bedeutet weiterzugehen. Vergeben heißt auch, frei zu werden. Du tust es in erster Linie für dich, und du bist es wert. Es löst in dir ein Wohlbefinden aus. Jemandem zu vergeben hat auch nichts mit Schwäche zu tun, sondern – im Gegenteil – mit Stärke. Du zeigst nämlich

Charakter und Einsicht. Mangelnde Vergebungsbereitschaft baut Schranken und eventuell auch Feindschaft auf. Das sind alles Dinge, die nicht guttun und die keiner braucht. Beide Seiten werden darunter leiden. Der eine mehr als der andere. Mangelnde Vergebungsbereitschaft beraubt dich deiner inneren Freiheit. Selbst wenn du sagst: „Die Person ist mir egal, es macht mir nichts aus", sieht es in deinem Unterbewusstsein doch anders aus. Hast du einmal einen Raum betreten, in der die besagte Person anwesend war? Das ist wirklich kein gutes Gefühl. Man spürt diese Barriere und Feindschaft zueinander und ein Gefühl des Unbehagens.

> Wer anderen nicht verzeihen kann, zerstört die Brücke, über die er selbst gehen muss. Jeder Mensch braucht Vergebung.
>
> Thomas Fuller (1608–1661)

Wie bereits erwähnt, hat Gott auch uns vergeben – durch Jesus, der unsere Brücke zum Vater geworden ist.

> *Denn es ist ein Gott und ein Mittler zwischen Gott und den Menschen, nämlich der Mensch Christus Jesus* (1. Timotheus 2,5).

Durch ihn sind wir mit Gott versöhnt worden. Als er am Kreuz hing, betete er für die Menschen, die ihm das antaten: *„Vater vergib ihnen, denn sie wissen nicht, was sie tun"* (Lukas 23,34). Das geschah kurz vor seinem Tod, geplagt von Schmerzen, Ungerechtigkeit und Ablehnung. Er hätte vom Kreuz herabsteigen und Blitze vom Himmel fallen lassen können, um alle zu vernichten. Das tat er aber nicht. Er hätte jeden Grund dazu gehabt, nicht zu vergeben. Stattdessen hat er für seine Mörder und für all diejenigen gebetet, die für seinen Tod verantwortlich waren. Denn er war und ist voller Gnade, Barmherzigkeit und Liebe.

Er hat uns vergeben, damit wir vergeben. Jesus hat dafür einen sehr hohen Preis bezahlt. Durch ihn sind wir **befähigt,** ebenfalls zu vergeben. Selbst im Vaterunser lautet die Bitte, dass er uns unsere Schuld vergeben möge, so *„wie auch wir unseren Schuldigern vergeben"*.

Vertiefen und anwenden

Vergeben

Vergeben hat nichts mit Schwäche, sondern – im Gegenteil – mit Stärke zu tun. Vergeben bedeutet weiterzumachen. Vergeben heißt, frei zu werden von Bitterkeit, Groll, Zorn und Hass. Wenn du vergibst, löst du dich von negativen Emotionen. Indem wir vergeben, bauen wir die durchtrennte Brücke wieder auf und geben einer kaputten Beziehung eine neue Chance. Meine Erfahrung ist, dass mich Wiedergutmachung mit Zufriedenheit und Freude gesegnet hat.

- Gibt es einen oder mehrere Menschen, die dich verletzt haben? Schreibe ihre Namen auf und wie sie dich gekränkt haben.

- Wie hast du darauf reagiert?

- Schreibe auf, wie du ihr bzw. ihm vergeben möchtest.

- Wie sind gerade deine Gefühle, nachdem du es aufgeschrieben hast? Es ist wichtig, sie zu akzeptieren und zu verstehen. Nimm dir Zeit, um deine Emotionen zu verarbeiten.

Ratschlag:

Rechtfertige dich nicht und richte nicht. Überlass das Gott! Jeder Mensch wird einmal Rechenschaft vor ihm abgegeben müssen. Deshalb: Mach dein Herz frei!

Kapitel 10

In der Fülle leben

In der Bibel kommt das Wort Fülle über fünfzig Mal vor. Gott hat uns ein Leben in Fülle verheißen. Das bedeutet nicht unbedingt, dass du in materiellem Luxus schwelgst. Du musst nicht ein eigenes Haus besitzen und einen Porsche in der Garage stehen haben. Auch ohne gewisse Dinge kann man in der Fülle leben – indem man zufrieden ist, mit dem, was man hat. Dankbarkeit ist ein Schlüssel für Zufriedenheit.

Ich bin dankbar für das, was ich habe. Alles, was ich brauche, finde ich in Christus. Ein Porsche macht mich vielleicht zu Beginn glücklich. Doch der kalte Stahl eines Luxuswagens wird mich nicht dauerhaft erfüllen können. Nach ein paar Wochen oder Monaten ist der Reiz schon verloren.

Die Fülle Gottes oder die Fülle Christi, von der die Bibel spricht, vergleiche ich mit einer sprudelnden, frischen Quelle in mir. Sie ist rein, klar und schön. Sie ist lebendig und spendet Leben. Und sie mündet in vollkommener Liebe, Ruhe und Gelassenheit. Du und ich können lernen, uns nach den Dingen auszustrecken, die uns guttun. Investiere deine Kraft und Zeit da hinein. Es gibt so viele Dinge in unserem Leben, die unsere Quelle versiegen lassen möchten, wie z. B. Streit, Trauer, Freudlosigkeit, eine beendete Beziehung, Mobbing, Krankheit und vieles andere. Deshalb ist es umso wichtiger, die Quelle des Lebens anzuzapfen, die in Jesus Christus ist, da diese nie versiegt. Sie fließt 24 Stunden nonstop. Wie sieht es in dir aus? Lässt du deine Quelle fließen?

Jesus sollte unser Maßstab sein. In seinem Wort steht, dass wir erfüllt sind durch Christus, der das Haupt aller Mächte und Gewalten ist (vgl. Kolosser 2,10). Mit was also genau sind wir erfüllt? Zum Beispiel mit der Erkenntnis von Gottes Gnade und Liebe. Mit der Möglichkeit der Erlösung von Schuld, Scham und Sünde durch ihn. Wenn wir Jesus haben,

haben wir alles, was wir brauchen, um ein erfülltes Leben führen zu können. Mein Mann pflegt zu sagen: „Und wenn ich alles, was ich habe, verlieren würde, außer Jesus, dann habe ich immer noch das, was ich brauche, nämlich ihn."

Wenn wir Jesus kennen, brauchen wir keine Anerkennung und kein Lob von anderen Menschen. Wir brauchen weder Partys noch Alkohol, um gut drauf zu sein. Wir müssen gar nichts mehr suchen. Wir brauchen Jesus, den Retter und Lebensspender dieser Welt. Vertiefe deine Beziehung zu ihm! Letztendlich weiß nur er, wie es in dir aussieht. Nur er weiß wirklich, wie es dir geht und was du benötigst.

> *... und die Liebe des Christus zu erkennen, die doch alle Erkenntnis übersteigt, damit ihr erfüllt werdet bis zur ganzen Fülle Gottes* (Epheser 3,19 SLT).

Wir suchen die Fülle oft bei unserem Partner, in der Natur oder bei der Arbeit. Das alles kann uns nur bis zu einem bestimmten Punkt befriedigen. Wisse, dass Gott sich um jeden Bereich deines Lebens kümmern möchte. Er möchte, dass du gesund und voller Energie bist.

Vertiefen und anwenden

In der Fülle leben

Wer möchte das nicht, erfüllt und zufrieden durchs Leben gehen? Erfüllt zu sein, bedeutet Frieden zu haben. Es löst ein großes Wohlbefinden aus.

- Bist du erfüllt? Was genau erfüllt dein Leben?

____

____

____

____

____

- Was kannst du selbst zur Erfüllung beitragen? Was müsste passieren?

- Wie möchtest du deine Beziehung zu Jesus vertiefen, um mehr in seiner Fülle leben zu können?

Kapitel 11

Zur Freiheit berufen

> *Wenn euch nun der Sohn frei macht, so seid ihr wirklich frei* (Johannes 8,36).

Frei von was? Was genau bedeutet denn Freiheit? Für mich kurz ausgedrückt: Frei sein von allem, was mir nicht guttut – und mir in Bezug auf meine Vergangenheit nicht gutgetan hat. Jeder von uns hat eine Geschichte. Der eine hatte vielleicht eine gute, behütete Kindheit, der andere nicht. Und dafür können wir nichts.

Ganz oft haben unsere Eltern selbst keine gute Kindheit erlebt und sind ohne Liebe aufgewachsen. Die Konsequenz ist meistens, dass sie uns selbst keine Liebe weitergeben konnten. Wenn wir ohne Wertschätzung, Liebe und Annahme aufwachsen, werden wir oft von Gedanken der Wertlosigkeit und Minderwertigkeit gequält. Am Anfang merken wir es nicht unbedingt, aber im Laufe unseres Erwachsenwerdens spüren wir, dass etwas nicht stimmt. Es verfestigt sich ein Gedankenmuster: *Mit mir stimmt etwas nicht. Ich bin nicht liebenswert.* Die Folge ist ein Gefühl von Gefangenschaft.

Nun lesen wir aber in der Bibel, dass uns Jesus zur Freiheit berufen hat. Diese Freiheit sollen und dürfen wir in Anspruch nehmen. Es ist die Freiheit, von unserem alten, sündigen Ich, von negativen Gefühlen und Emotionen. Ich weiß nun, dass sie nicht der Wahrheit entsprechen. Und wenn sie immer noch kommen, begegne ich ihnen mit der Wahrheit in Christus Jesus.

Es geht vor allem um die Freiheit in unserem Herzen. Mein Herz war kalt und hart – zu mir selbst, aber auch gegenüber meinen Mitmenschen. Ich hatte eine Schutzmauer aufgerichtet, um nicht mehr verletzt zu werden. Das war aber ein Selbstbetrug, denn durch meine Schutzmauer hatte ich mich selbst begrenzt und eingeschlossen.

Du bist hinter deiner Schutzmauer eingesperrt und kannst nicht mehr nach draußen schauen. Aber es steht Freiheit für dich bereit! Du bist keine Schnecke, die sich in ihrem Schneckenhaus verkriechen muss. Ganz davon abgesehen, dass du dort auch keineswegs sicher bist. Komm da heraus!

Als Kind hatte ich einen Hamster. Er hieß Fridolin und war klug. Wenn ich zu ihm sagte, dass er in die Ecke gehen solle, hat er es tatsächlich getan. Seine Pfötchen hat er dabei vor seine Augen gehalten. Aus seinem Käfig kam er aber nie heraus, obwohl ich oft die Türe aufgelassen habe. Manche Käfigtiere gehen zwar raus, kommen aber sofort wieder zurück. Diese Beobachtung habe ich oft gemacht. Weshalb bleiben sie im Käfig, obwohl sie hinausgehen könnten? Vielleicht aufgrund der Gewohnheit und der Ungewissheit, was ihnen außerhalb des Käfigs begegnen könnte. Sie haben nicht gelernt, in Freiheit zu leben, weil sie in Gefangenschaft geboren wurden.

Mach es wie Petrus und steig aus dem Boot! Brich deine Schutzmauern und Begrenzungen ein. Letztendlich schützen sie dich nicht, sie halten dich gefangen. Wenn wir nicht lernen, unser Herz von Gott heilen zu lassen und es dann zu beschützen, schaffen wir es nicht. Die Wunden werden immer wieder aufs Neue bluten.

Ich habe einmal ein Zeugnis von einem Mann gelesen, der zu einer lebenslänglichen Gefängnisstrafe verurteilt wurde. Er wird nie mehr herauskommen. Doch er hat im Gefängnis zu Jesus gefunden und hat ihm sein Leben übergeben, um Vergebung für seine Sünden und Verbrechen zu empfangen. Daraufhin schrieb er, dass er zwar ein Gefangener sei, in Christus aber die volle Freiheit in seinem Herzen erfahren habe. Er ist jetzt glücklich und freut sich seiner Errettung. Er fühlt sich jetzt frei, obwohl er hinter Gittern sitzt. Die Erlösung und Vergebung seiner Sünden hat ihn frei gemacht. Er liest in der Bibel, die ihm hilft, die Worte Jesu in seinem Herzen zu behalten und zu bewahren.

Was zeigt uns das? Dass wir nicht abhängig von Umständen, Situationen oder Orten sein müssen. Wir sind als Kinder Gottes von ihm allein abhängig. Er möchte, dass wir in die Berufung hineinkommen, die er für uns bereits vor Grundlegung der Welt vorbereitet hat. Die größte Berufung ist, sein Kind zu sein – ihn zu lieben. Denn auch er sehnt sich nach deiner Liebe. Er möchte Anteil an deinem Leben haben. Wie wunderbar ist das denn? Seine Liebe ist unbeschreiblich schön. Sie ist stärker und größer als jeder Missbrauch und überwindet jede Art von Ablehnung. Und nur er allein kann tiefe Wunden und Traumen heilen. Er allein hat die Kraft und Macht dazu. Aufgrund seiner mächtigen Liebe bietet er uns die völlige Freiheit an.

Das Wort Freiheit beinhaltet noch viel mehr. Du bist frei von der Macht der Sklaverei. Du musst nicht mehr sündigen und nicht mehr ständig die gleichen Fehler machen. Du musst nicht in Süchten gefangen bleiben, auch nicht immer meckern und jammern. Du musst dich nicht mehr verstecken, nicht mehr in Tränen oder Wut ausbrechen, weil du mal wieder missverstanden wurdest. Jesus möchte dich von allen Lasten frei machen.

> *Jesus antwortete ihnen: Wahrlich, wahrlich, ich sage euch: Jeder, der die Sünde tut, ist ein Knecht der Sünde* (Johannes 8,34 SLT).

Warum ist man ein Sklave, wenn man sündigt? Sünde hat die Eigenschaft, uns zu binden. Ja, sie kann uns sogar beherrschen und kontrollieren, sodass wir in ihre Sklaverei verfallen. Sünde oder Fehlverhalten können uns davon abbringen, in das hineinzukommen, was Gott schon vor Grundlegung der Welt bereits für dich und mich vorgesehen hat. Wenn wir in Sünde leben, leben wir in Unfreiheit. Oftmals glauben wir auch Lügen über uns oder andere Menschen. Lügen können uns klein halten.

> *... und ihr werdet die Wahrheit erkennen, und die Wahrheit wird euch frei machen* (Johannes 8,32).

Auch dich wird die Wahrheit frei machen. Wahrheit steht gegen Falschheit. Lüge bindet, aber Wahrheit macht frei. Jesus in Person ist die Wahrheit! Er ist die Quelle der Wahrheit und des Lebens. Er ist der Weg zum Vater, der Weg zur Erlösung. Er hat die Macht, uns von der Konsequenz der Sünde zu befreien. Die vollkommene Wahrheit gibt uns die Möglichkeit, das zu werden, was er sich schon seit deiner Empfängnis für dich ausgedacht hat. Sie befähigt uns, alles zu sein, was wir nach seiner Absicht sein sollen: seine geliebten Kinder. Wir sollen weder als Gefangene leben noch als Versager, sondern als errettete Königskinder, voll von seiner mächtigen Liebe, die die Kraft hat, jedes Vakuum in uns auszufüllen. Er hat die Ketten zerbrochen, die Stricke der Finsternis, der Depression und Sinnlosigkeit. Wir müssen fortan nicht mehr sündigen.

Die Bibel sagt, dass uns zwar alles erlaubt ist, dass uns aber nicht alles zum Guten dient, uns nicht alles aufbaut und nichts Macht über uns haben soll (vgl. 1. Korinther 6,12 und 10,23). Also: Nur erkannte Wahrheit kann dich frei machen. Und sage nicht: „Ich weiß es!" Du weißt es erst, wenn du die Wahrheit umsetzt. Denn erst dann ist es eine erkannte Wahrheit. Wenn du sie noch nicht oder nur zum Teil erkannt hast, dann suche nach ihr, frische deine Beziehung zu Jesus auf. Lies sein Wort. Er wird dir alles zeigen, denn er hat dich dazu berufen, in totaler Freiheit zu leben. Er ist der Schlüssel.

> *Zur Freiheit hat uns Christus befreit! So steht nun fest und lasst euch nicht wieder das Joch der Knechtschaft auflegen!* (Galater 5,1).

Hier wird es nochmals bekräftigt. Christus hat uns befreit – Punkt, Ende, aus! Außerdem lesen wir eine kleine Warnung bzw. zwei Ratschläge:

1. Steh fest!
2. Lass dir nicht wieder das Joch der Knechtschaft auferlegen!

Feststehen hat mit einer aktiven Haltung zu tun. Ich muss standhaft bleiben. Ich werde stehen bleiben, egal wie stark der Gegenwind auch sein mag. Das heißt auch, die erkannte Wahrheit nicht loszulassen. Sie ist so kostbar und lebensspendend.

Wie kann es aber dann sein, dass wir wieder in die Knechtschaft fallen können? So nach dem Motto: einmal frei, immer frei? Ja, wir haben Freiheit in Christus. Doch jetzt kommt das Aber: Wenn wir nicht auf die Freiheit bestehen, wird unser Feind immer versuchen, sie uns zu rauben. Wenn wir Freiheit nur für uns selbst suchen und unser Leben nicht nach Jesus ausrichten, ist die Gefahr groß, zu straucheln und die Freiheit zu verlieren.

Jesus starb für uns, um uns von der Sünde zu befreien, auch von toten Traditionen und anderem. Wozu wir früher unfähig waren, es zu tun, dazu sind wir jetzt in der Lage – durch ihn. Dabei ist sein Wunsch, dass wir ihm folgen und ihm dienen. Mit der erlebten Freiheit sollen wir Gutes tun und anderen Menschen helfen. Wenn die Motive nicht rein sind, können wir sehr schnell wieder in Knechtschaft geraten und in unser altes Leben zurückfallen. Wenn wir unsere eigenen, egoistischen Wege gehen wollen, wartet die Sünde schon am Bordstein auf uns. Deshalb ist es sehr wichtig, dranzubleiben und festzustehen – selbst wenn Stürme kommen. Die gehören nun mal zum Leben, auch wenn sie keiner von uns haben möchte. Sie dienen dazu, uns stärker und resistenter zu machen. Klammere dich an Jesus! Erst recht, wenn es stürmt. Wenn du die Freiheit der Erlösung in dir erfahren hast, kann dich kein Sturm aus seinen Händen reißen. Jesus steht mittendrin und kann dir in jeder Situation Frieden schenken.

Vertiefen und anwenden

Zur Freiheit berufen

Das Gegenteil von Freiheit ist Gebundenheit oder Gefangenschaft. Beim Wort Freiheit öffnet sich mir das Herz. Das gibt mir gleich ein Gefühl der Freude und Dankbarkeit. Frei zu sein hat auch etwas mit Lebensqualität zu tun.

- Was bedeutet Freiheit für dich?

- Gibt es etwas in deinem Leben, das dich davon abhält, in dieser Freiheit zu leben?

- Was kannst du dagegen tun? Entwickle eine Strategie und bitte Jesus dafür um Hilfe.

____

____

____

____

____

Ratschlag:

Lies dir deine Strategie/Schritte immer wieder durch. Mach dich an die Umsetzung und bleib dran!

TEIL II

Ein lebensverändernder Prozess

Kapitel 12

Körper, Seele, Geist

Wir haben alle einen Körper. Er ist sozusagen unsere Hülle, um für andere sichtbar zu sein. Unser Körper ist materiell bzw. organisch. Durch ihn artikulieren und bewegen wir uns. Ihn brauchen wir für die physische Welt. Zu unserem körperlichen Wohlbefinden können wir beisteuern, indem wir uns z. B. gesund ernähren, Sport treiben und genügend schlafen. Viele sind mit dem eigenen Körper nicht zufrieden, möchten geformter und schlanker sein. Du selbst hast bis zu einem gewissen Grad die Fähigkeit, deinen Körper zu formen. Es ist dein Körper und du bist für ihn verantwortlich, soweit es an dir liegt. Leider möchte unser „innerer Schweinehund" uns gerne davon abhalten – doch er muss sich dir unterordnen, wenn du es willst.

Unsere Seele ist ebenfalls ein Teil von uns. Sie ist nicht materiell und umfasst unseren Verstand, die Gefühle und den Willen. Sie umschließt also auch unseren emotionalen sowie sentimentalen Bereich. Mit ihr fühlen und denken wir. Der Mensch ist eine lebendige Seele, aber auch Geist. Unser Geist ist der innerste Kern unseres Wesens, der Teil, der aus Gottes Geist von Neuem geboren wird, sobald wir ihn als unseren Herrn annehmen. Mit unserem Geist stehen wir in ständigem Kontakt mit dem Heiligen Geist sowie mit Jesus und dem Vater.

Wie wir uns entwickeln, hat viel mit unserer Kindheit zu tun und mit unserem Umfeld. In Gottes Wort lesen wir, dass Gott sich für uns als Ganzes interessiert. Er möchte, dass es uns in allem gut geht. Das umfasst sowohl unseren Körper als auch die Seele und den Geist. Unsere Aufgabe ist, Körper und Seele entsprechend zu pflegen und auf sie zu achten.

Mein Lieber, ich wünsche, dass es dir in allen Stücken gut gehe und du gesund seist, so wie es deiner Seele gut geht (3. Johannes 1,2).

Er aber, der Gott des Friedens, heilige euch durch und durch und bewahre euren Geist samt Seele und Leib unversehrt, untadelig für das Kommen unseres Herrn Jesus Christus (1. Thessalonicher 5,23).

Mose und Isaak starben nach einem langen und erfüllten Leben. Sie waren von Gott gesegnet. Ich möchte ebenfalls ein gesegnetes Leben in Fülle haben. Ein Leben in Fülle bedeutet für mich, dankbar und zufrieden zu sein für die Dinge, die ich habe. Wir sollten alle dankbar sein und nicht auf das schauen, was wir vielleicht nicht haben, sondern auf das, was uns gegeben ist. Fülle heißt für mich, gesegnet zu sein; nicht gestresst durchs Leben zu hetzen, um eine Aufgabe nach der anderen zu erfüllen. Es bedeutet, ein Leben in enger Gemeinschaft mit Gott zu führen. Mein Leben soll darauf ausgerichtet sein, zu lieben und gute Taten zu vollbringen. Das beinhaltet auch, im Einklang mit mir selbst zu leben und gnädig und nicht zu streng mit mir selber zu sein. Ich hole mir meine Kraft und Freude bei Gott.

Wie läufst du durchs Leben? Griesgrämig und immer unzufrieden? Ist dein Glas immer halb leer? Stellst du zu hohe Ansprüche an andere Menschen und vielleicht auch an dich selbst? Bist du perfektionistisch veranlagt? Verzeih die vielen Fragen. Sie sind aber wichtig, weil sie dir helfen sollen, dich selbst zu reflektieren. Anhand deiner Antworten kannst du deine innere Einstellung analysieren und – falls nötig – etwas daran ändern. Du kannst es als Teamwork betrachten: Ein Teil davon bist du und der andere Teil ist Gott.

Was kannst du selbst für deinen seelischen Zustand tun? Wo findest du einen Ausgleich? Bewegung in der freien Natur, Sport und genügend Schlaf tun nicht nur unserem Körper gut, sondern auch unserer Seele. Beschäftige dich mit etwas, das dir Spaß macht. Es gibt tausende von Hobbys. Ich habe vor ein paar Jahren mit dem Häkeln angefangen und hätte nicht gedacht, dass mich das so entspannt. Dabei habe ich festgestellt, dass es mich ablenkt, weil ich konzentriert arbeiten muss. Wenn ich nicht regelmäßig durchzähle, besteht die Gefahr, dass aus einem Kreis kein Kreis wird. Das ist eine gute Ablenkung.

Ein Dieb will rauben, morden und zerstören. Ich aber bin gekommen, um ihnen das Leben in ganzer Fülle zu schenken (Johannes 10,10 NLB).

Ein Leben, nicht in halber Fülle, sondern in ganzer Fülle. Bitte Gott darum, alles zu ersetzen, was dir geraubt worden ist. Wo du Schaden an deiner Seele genommen hast und du dich nicht so entwickeln konntest, wie du es dir gewünscht hast. Gott ist ein Gott der Gnade und der Wiederherstellung. Er kennt deine Defizite. Was können Defizite sein? Zum Beispiel ein Mangel an Selbstwert, an Fähigkeiten, an Liebesfähigkeit – was auch immer, es spielt keine Rolle, denn für Gott stellt das alles kein Problem dar. Genieße deine Gemeinschaft mit ihm und blühe darin auf.

Vertiefen und anwenden

Körper, Seele und Geist[1]

Unser Körper ist materiell bzw. organisch, mit ihm treten wir sichtbar in Erscheinung. Es ist sinnvoll, gut mit ihm umzugehen. Dabei spielt auch unsere Seele eine große Rolle. Du hast bestimmt schon einmal etwas von psychosomatischen Beschwerden gehört. Sie sind oft eine Folge seelischer Belastungen, wie z. B. Stress und Lebenskrisen.

- Tust du etwas, damit es deinem Körper gut geht? Wenn ja, was?

- Was machst du, damit es dir innerlich, in deiner Seele, gut geht?

[1] Auf den Geist gehe ich im folgenden Abschnitt noch ein.

Kapitel 13

Neuer Geist – Erneuerung der Seele

Die Seele umfasst die Gefühle, den Willen und den Verstand. Wir schenken ihr oftmals zu viel Aufmerksamkeit. In einem Buch habe ich einmal gelesen, dass die Seele bei der Bekehrung nicht erneuert wird, im Gegensatz zu unserem Geist, der aus Gottes Geist von Neuem geboren wird (vgl. Johannes 3,1-21). Wenn du dich für Jesus entschieden hast, bist du in deinem Geist eine neue Schöpfung (vgl. 2. Korinther 5,17). Jesus hat uns ein neues Leben geschenkt.

Da die Seele allerdings nicht sofort erneuert wird, muss sie lernen, „im Geist zu wandeln". Wir müssen unser Denken und Fühlen dem Geist und unserem neuen Wesen in Christus unterordnen. Nicht mehr die Seele hat das Sagen, sondern unser neuer Geist in Verbindung mit dem Heiligen Geist bestimmt, wo es langgeht. Indem wir regelmäßig unter der Inspiration des Heiligen Geistes das Wort Gottes lesen, bleiben wir in unserem Herzen ausgerichtet und verbinden unsere Seele mit der Wahrheit.

Die Seele muss erneuert werden und mitziehen in unserem neuen Leben, das uns durch Jesus geschenkt wurde. Durch das Wort Gottes und den Heiligen Geist lernen wir unsere neue Identität kennen – unsere neue Natur in Christus. Unsere Seele muss lernen, sich von der alten Identität zu lösen und in der neuen zu leben. Das ist natürlich ein Prozess. Und es ist auch nicht immer einfach, die alten Dinge abzulegen. Aber wenn Jesus sagt, dass wir es durch seine Hilfe schaffen, dann ist das so. Er würde es sonst nicht sagen.

Ich möchte den seelischen Zustand eines Menschen hier ganz und gar nicht abwerten oder unterschätzen. Ich selbst hatte große seelische Belastungen und Nöte. Manchmal braucht man vielleicht die Hilfe eines Psychologen, und das ist auch in Ordnung. Doch im Grunde machen wir die größten Fortschritte in unserer geistlichen und seelischen Entwicklung, wenn wir uns ganz und gar dem Vater, Jesus und dem Heiligen Geist anvertrauen.

> *Offenkundig sind aber die Werke des Fleisches, als da sind: Unzucht, Unreinheit, Ausschweifung, Götzendienst, Zauberei, Feindschaft, Hader, Eifersucht, Zorn, Zank, Zwietracht, Spaltungen, Neid, Saufen, Fressen und dergleichen. Davon habe ich euch vorausgesagt und sage noch einmal voraus: Die solches tun, werden das Reich Gottes nicht erben* (Galater 5,19-21).

Mit „Fleisch" sind hier unsere alten seelischen Tendenzen, Angewohnheiten und Muster gemeint. Ihnen nachzugeben bedeutet, „im Fleisch" zu leben, anstatt im Geist und in unserer neuen, von Gott geschenkten Natur. Die Liste ist ziemlich lang, und hier wird längst nicht alles aufgezählt! Wir leben quasi in einem ständigen Kampf zwischen der alten und der neuen Natur, zwischen Gut und Böse. Zwei Reiche kämpfen um dich: der Teufel und Gott. Beide wollen dich – wobei sie aber nicht als gleichwertige Gegner zu verstehen sind! Stell dir vor, der Teufel und Gott würden sich gegenüberstehen: Gott müsste nur einmal aus einem Nasenloch pusten ... Es liegt nicht an Gott, wenn wir lange zu kämpfen haben, es liegt daran, auf wen oder was wir schauen und wem wir glauben.

Jeder Mensch hat Kämpfe unterschiedlichster Art. Um deinen Kampf zu gewinnen, musst du deinen (besiegten!) Feind zuvor identifizieren und konfrontieren. Vielleicht haben viele Jahre mit negativen Gedanken und Gefühlen deine Seele stark geprägt. Schenkst du ihnen nach wie vor Glauben und Beachtung? Oder fängst du an, dich nach der Frucht des Geistes auszustrecken und danach zu leben (vgl. Galater 5,22)?

Es stimmt: In gewisser Weise sind es zwei Welten, zwischen denen wir die Wahl haben. Doch Jesus hat das Böse bereits für uns überwunden. Wir sind durch ihn versöhnt worden mit Gott. Wir sind zwar *in* dieser Welt, aber nicht mehr *von* dieser Welt (vgl. Johannes 17,16). Wir sind mit Christus versetzt an die himmlischen Orte (vgl. Epheser 2,6). Das müssen wir erst einmal realisieren. Du musst ein Bewusstsein dafür entwickeln, wer du in Christus wirklich bist, wie deine neue und wahre Natur aussieht und welche Konsequenzen das für dein Handeln hat.

Mich ermutigt das sehr. Denn hier in der Welt haben wir es nicht immer leicht. Wir sind verschiedenen Herausforderungen ausgesetzt. Und dennoch weiß ich, dass ich mit Jesus auf der Siegerseite stehe. Und eines Tages werde ich für immer in seiner Herrlichkeit sein. Das spendet mir Trost.

Oft müssen wir unserer Seele eine klare Ansage machen und sie an unser Glück erinnern, so wie es David in Psalm 103,2 (SLT) tut:

Lobe den HERRN, meine Seele,
und alles, was in mir ist, seinen heiligen Namen!
Lobe den HERRN, meine Seele,
und vergiss nicht, was er dir Gutes getan hat!
Der dir alle deine Sünden vergibt und heilt alle deine Gebrechen;
der dein Leben vom Verderben erlöst,
der dich krönt mit Gnade und Barmherzigkeit …

Warum steht hier wohl „und vergiss nicht"? Vielleicht, weil wir Menschen dazu neigen, das Gute zu vergessen, das Gott schon für uns getan hat. Generell neigen wir dazu, das Positive schnell zu vergessen, dafür aber nicht das Negative. Das Glas ist halb leer, nicht halb voll. Mir ging es oft so. Ich habe auf das geschaut, was noch nicht gut war, und dabei das Gute vergessen, das Gott schon in mir verändert hatte. Unser Blick muss immer auf ihn gerichtet sein. Er ist der Anfänger und Vollender unseres Glaubens.

Wir sind aufgefordert, uns an die schönen Dinge zu erinnern. Denke darüber nach: Was hast du Schönes erlebt oder erhalten? Sei dafür dankbar. Dankbarkeit tut deiner Seele sehr gut. Dankbar zu sein ist eine gute Eigenschaft. Sie ist erfrischend.

Bei einer Predigt meines Mannes ist mir besonders ein Satz ins Herz gefallen: *Jesus hat immer nach dem Willen seines Vaters getrachtet.* Er war mit seinem Körper auf der Erde, mit seinem Kopf aber im Himmel. Das versuche ich auch zu tun. Mein Kopf, also meine Ausrichtung, meine Gedanken, sollen im Himmel sein bzw. himmlisch geprägt sein, nicht weltlich. Das kann man lernen.

Mittlerweile mache ich das regelmäßig: Wenn mich etwas betrübt, schaue ich in den Himmel hoch und denke an Jesus. Somit wende ich schlechte Emotionen ab. Sie bringen mir sowieso nichts Gutes ein, wenn ich sie zulasse. Also hinterfrage ich mittlerweile gleich, was los ist. Weshalb fühle ich mich jetzt niedergeschlagen oder bedrückt? Wenn der Grund negative Gedanken sind, versuche ich gleich, sie durch positive, von Gott gegebene Gedanken zu ersetzen. Hat mich jemand verletzt, spreche ich sofort Vergebung aus und versuche, mich so vor Wut zu schützen.

In der Bibel steht: *„Gebt dem Teufel keinen Raum in eurem Leben!"* (Epheser 4,27 NGÜ). Das beinhaltet auch, ihm keine Aufmerksamkeit zu geben. Er ist es nämlich nicht wert. Das betrifft nicht nur Sünde bzw. Fehlverhalten, sondern auch negative, böse Gedanken, Verletzungen, Enttäuschungen, Lieblosigkeiten, Ablehnung, Missgunst, Beleidigungen usw. Hinterfrage die Quelle deiner Gedanken und Emotionen. Kommen sie vom Teufel, von dir selbst oder von Gott, der dich unendlich liebt? (Von Gott können böse Gedanken schon einmal gar nicht kommen. Das kannst du gleich ausschließen.) Gemäß deiner Antwort kannst du entsprechend handeln. Du musst sie nicht annehmen, wenn sie dir nicht guttun. Wende dich bewusst von ihnen ab. Gib ihnen keinen Raum, das bedeutet auch: Schaffe selbst keinen Raum für sie. Ziehe dir Schlechtes nicht an Land, denn hier steht ein Schild: ANGELN VERBOTEN!

Stinkende Kleider ziehst du dir bestimmt auch nicht freiwillig an. Sage lieber: Danke Herr, dass du mich auf wunderbare Art und Weise geschaffen hast. Früher habe ich gedacht (und gesagt): „Gott sei Dank gibt es sowas wie mich nicht zweimal! Das wäre eine reine Zumutung für die Welt." Das habe ich wirklich so gemeint. So tief hat die Ablehnung in mir gesteckt, so sehr habe ich mich selbst verabscheut. Heute danke ich Gott fast jeden Tag dafür, dass er mich wunderbar geschaffen hat. Und das glaube ich jetzt sogar. Es ist so schön und befreiend. Indem ich das regelmäßig tue, entziehe ich dem Teufel bzw. meinen alten Gedankenmustern den Raum. Somit gebe ich ihnen keinen Platz mehr in meinem Leben.

Gott hat auch dich wunderbar geschaffen. Du bist nämlich sein Werk und sein Ebenbild. Geliebt und gewollt. Befähigt und begabt. Er ist dein Töpfer, und du bist der Ton in seinen wundervollen, liebenden Händen. Er hat dich genau im Blick. Manchmal ist das Modellieren unangenehm, denn während der Umformung können Dinge, die bisher in uns verborgen waren, ans Licht kommen und einen seelischen Schmerz hervorrufen. Ich gebe dir ein Beispiel von mir.

Während meines Veränderungsprozesses bekam ich bei einer Bibelschulfreizeit von jemandem ein Wort der Erkenntnis. Das bedeutet, das Gott, der Heilige Geist, dieser Person etwas über mich gezeigt hat, das sie von sich aus nicht wissen konnte. Die Person selbst wusste gar nichts von mir. Sie sagte, meine Mutter habe den Tag meiner Geburt verflucht, und das stimmte. Ich habe ebenfalls den Tag meiner Geburt regelmäßig verflucht. Aber in diesem Moment wurde es für mich eine Offenbarung. (Jetzt wusste ich, weshalb ich das Datum meiner Geburt hasste. Es war ganz und gar nicht mein Lieblingsdatum.) Sehr viele Tränen liefen über meine Wangen. Ich weinte bitterlich. Es schmerzte in meiner Seele. Von all den Tränen bildete sich eine Pfütze auf dem Boden. Doch nach dem anfänglichen Schmerz konnte ich meiner Mutter Vergebung aussprechen und ihre Fluchworte über mich annullieren. Wenn Worte des Todes in dein Leben hineingesprochen wurden, müssen sie durch Worte des Lebens ersetzt werden, Segen statt Fluch.

Manchmal zeigt uns Gott eine Charaktereigenschaft, die nicht der neuen Natur entspricht. Nicht um uns anzuklagen, sondern um uns darauf aufmerksam zu machen. Ich liebe das Bild von einem Schmetterling. Bevor er sich zu einem wunderschönen Schmetterling entpuppt, muss er einen gewissen Prozess durchlaufen. Zu Beginn ist er alles andere als schön. Man muss durch eine bestimmte Entwicklung gehen, wenn man sich positiv entfalten möchte.

Der Schmetterling ist erst einmal gefangen in seinem Kokon. Es wird immer enger und unbequemer während seiner Umgestaltung. Durch diesen Prozess muss er aber gehen, damit er zum Schmetterling werden und somit in die Freiheit fliegen kann. Er wurde nicht dazu berufen, sein Leben lang als Raupe auf dem Boden zu kriechen, sondern seine Bestimmung ist, in seiner Schönheit zu fliegen. Vor Kurzem habe ich ein sehr schönes Bild gesehen von einem Schmetterling über einem See. Die Wasseroberfläche reflektierte seine bunten Flügel als Spiegelbild. Der Schmetterling sah sich darin nicht mehr als die hässliche Raupe, die er einmal war. Er sah sich als „die neue Schöpfung“, die er geworden war: Ein wunderschöner Falter.

Wir sind berufen, das zu werden, wozu Gott uns von Anfang an bestimmt hat. Wir sind Königskinder, wunderbar geschaffen. Wir sind sein Werk, sein Abbild. Schau nicht auf dich, schaue auf ihn. Er wird das Werk in dir vollenden. Hab Glauben und Geduld! Befiehl deiner Seele, still zu sein.

Vertiefen und anwenden

Neuer Geist – Erneuerung der Seele

Psychische Gesundheit (auch *seelische, geistige* oder *mentale Gesundheit*; englisch *mental health*) ist ein Zustand des Wohlbefindens, in dem eine Person ihre Fähigkeiten ausschöpfen, die normalen Lebensbelastungen bewältigen, produktiv arbeiten und einen Beitrag zu ihrer Gemeinschaft leisten kann.[1]

Unser seelischer Zustand beeinflusst stark unseren Alltag und somit unser ganzes Leben.

- Wie geht es dir innerlich? Gibt es Dinge, die deine Seele betrüben? Schreibe sie dir hier einmal vom Herzen.

- Wie wirkt sich das in deinem Alltag aus?

- Was denkst du, könntest du aktiv tun, damit du in diesem Bereich frei wirst?

[1] Wikipedia; 04.08.2023; https://de.wikipedia.org/wiki/Psychische_Gesundheit

- Bitte Gott darum, dir dabei zu helfen, und gib ihm Raum, zu deinem Herzen zu sprechen. Wenn du jetzt still bist und in dein Herz hineinhörst, was nimmst du wahr?

Kapitel 14

Was denkst du?

Denke gut darüber nach, was du so denkst. Deine Gedanken bestimmen dein Leben, denn du lebst das aus, was du denkst. In der Psychologie sagt man auch: Denkst du schlecht, fühlst du schlecht. Denkst du gut, fühlst du gut. Und so handelt und spricht man dann auch.

Wusstest du, dass die Gedanken, die du in den ersten zwanzig Minuten nach dem Aufwachen denkst, voraussichtlich deinen ganzen Tag bestimmen? Wenn du also morgens gleich mit schlechten Gedanken beginnst, kann dir das den ganzen Tag vermiesen, es sei denn, du schaffst irgendwann noch den Absprung und löst dich bewusst davon. Mein Rat wäre also: Gewöhne dir an, gleich nach dem Wachwerden mit guten Gedanken zu beginnen. Sei dankbar gegenüber Gott und befiehl ihm deinen Tag an.

Hört sich alles so einfach an, aber man muss sich dessen erst einmal bewusst werden. Was also denkst du über dich? Gutes oder eher weniger Gutes?

Es ist auch bekannt, dass negatives Denken unseren Stoffwechsel und unsere Hormone beeinflusst. Außerdem ist es ein Motivationskiller und verringert unsere Lebensfreude. Der Körper schüttet Stresshormone aus, was wiederum potenziell psychosomatische Erkrankungen auslösen kann. Hierüber gäbe es noch viel zu sagen, doch wir können das Thema hier nur anreißen und einen kurzen Einblick in die zerstörerische Macht negativer Gedanken geben.

Ich kann dir sagen, wie ich viele, viele Jahre über mich gedacht habe: Ich bin nichts, ich kann nichts, ich bin doof, ich bin nur gut zum Putzen, keiner mag mich, ich bin nicht liebenswert ... und noch einiges mehr. In meinem Kopf spielte sich täglich eine CD voller negativer Gedanken, ab.

Diese Art von Gedanken zehren an dir. Sie machen dich müde und matt. Du lebst vor dich hin, total frustriert und freudlos. Wiederholen sich solche Gedanken immer wieder und schenkt man ihnen Glauben, bilden sich Gedankenfestungen. Hat sich so eine Festung erst einmal aufgebaut, ist es schwer, sie wieder einzureißen. Man beginnt, Lügen zu glauben. Lügen lähmen und binden einen Menschen. Sie halten uns gefangen. Man resigniert. Gerade, wenn man diese Lügen als „Wahrheit" in sich aufgenommen hat, lernt man, damit zu leben. Aber das ist nicht das Leben, von dem Jesus spricht. Das ist kein Leben in Fülle, sondern ein Leben voller Frustration. Man lebt zum Teil wie fremdgesteuert.

Weshalb spielte sich in mir jahrelang diese CD ab? Weil ich oft ablehnende Worte von meiner Mutter an den Kopf geworfen bekommen hatte. Durch den Mangel an Liebe und Annahme in meiner Kindheit hatten diese Worte für mich ein anderes Gewicht, ein sehr schweres. Ich dachte, ich darf nicht glücklich sein. Ich muss traurig und deprimiert durch das Leben gehen. Und das war tatsächlich so. Ich war die reinste Trauerweide in Person. Dementsprechend lebte ich. Ich verschloss mich immer mehr und wurde immer introvertierter. Längere Gespräche zu führen, war mir fast unmöglich, denn ich hatte mich in meine eigene Welt zurückgezogen und lebte darin. Das hat dann später vor allem mein Mann zu spüren bekommen. Er nannte mich manchmal „Alice im Wunderland".

Es war eine Scheinwelt. Ich sehnte mich so sehr nach Aufmerksamkeit, nach jemandem, der mich versteht und zu mir spricht. Als Kind wünschte ich mir so sehr einen Pumuckl oder einen Gnom, irgendein Fantasiewesen, das zu mir ins Zimmer kommen würde und einfach bei mir wäre. Oder ein sprechendes Tier. Ganz egal. So furchtbar litt ich unter der Ablehnung und Einsamkeit. Ich wollte doch nur meinen Kummer mit jemandem teilen.

Selbst als ich erwachsen war, wurde es nicht besser, nicht einmal als ich schon verheiratet war. Zwar war ich aus dem Wunsch nach einem Fantasiewesen herausgewachsen, aber die Sehnsucht nach Annahme saß immer noch tief in meiner Seele. Meine Überlegungen gingen sogar so weit, dass ich mehrmals daran dachte, eine Ohnmacht zu fingieren, damit mich jemand in die Arme nimmt, sich um mich kümmert und Hilfe für mich holt. Die Umarmung meines Mannes reichte mir nicht aus. Es blieb allerdings bei dem Gedanken. Eine Ohnmacht vorzutäuschen, wäre mir dann doch zu weit gegangen. Etwas zu fingieren, war nie wirklich meine Art. Im Gegenteil; mir hat man schon kilometerweit vorher angesehen, dass es mir schlecht ging. Nie bin ich mit einem falschen Lächeln aus dem Haus gegangen. Dieses betäubende Gefühl des Verlassenseins saß sehr tief in mir.

Eines Tages sah mein Mann ein Bild vor seinen inneren Augen. Er sah mich in einem Kino sitzen. Am Ende des Filmes erschien auf der Leinwand der Schriftzug „The End". Er sagte zu mir: „Der Film ist zu Ende. Steh auf! Drücke auf Stopp!" – Das war leichter gesagt als getan, wenn man um sich herum Festungen aufgebaut hat. Festungen sind Gewohnheiten. Eine Gewohnheit bildet sich, indem man immer wieder das Gleiche tut oder denkt. Verhaltensweisen, die man ständig wiederholt, werden zur Routine, also irgendwie normal. Du glaubst, dass sie zu deinem Leben dazu gehören.

Nun gibt es gute und schlechte Gewohnheiten. Zu den Guten zählt zum Beispiel das Zähneputzen. Das wird jeder Mensch machen – hoffentlich. Es ist eine gute Gewohnheit, die uns beigebracht und somit zur alltäglichen Routine wurde. Auch wirst du bestimmt nicht mit dem Schlafanzug aus dem Haus gehen. Du kleidest dich, weil du so erzogen wurdest, dass man nicht mit dem Schlafanzug hinausgeht. Ich habe es einmal fertiggebracht, mit zwei verschiedenen Schuhen zur Arbeit zu gehen. Wenn du Aufmerksamkeit erregen möchtest, dann mach solche komischen Sachen. Ich hatte das gar nicht bemerkt.

Zu den schlechten Gewohnheiten zählt, immer zu spät zu kommen, anderen ins Wort zu fallen, schlecht zu reden, chaotisch zu sein, zu viel zu trinken etc. Eine *meiner* schlechtesten Gewohnheiten war das negative Denken und Sprechen – vor allem über mich selbst.

Wie wird man schlechte Gewohnheiten los? Es beginnt – wie immer – mit einer Entscheidung. Aber bevor ich mich entscheiden kann, brauche ich die Erkenntnis, dass es sich um eine schlechte Gewohnheit handelt, die meinem Leben nicht guttut. Man kann, so wie ich, jahrelang damit durchs Leben tigern, ohne das wirklich zu realisieren. Irgendwann hat es endlich bei mir klick gemacht: *Ich darf diesen schlechten Gedanken in mir keinen Raum mehr geben! Das heißt, ich muss ihnen nicht mehr glauben. Ich kann diese Gedanken stoppen.* Du und ich können entscheiden, welche Gedanken wir zulassen, hereinlassen und behalten bzw. welche wir hinauswerfen. Heute sage ich: „STOPP!", wenn sich ein Gedanke von früher präsentieren möchte, oder einfach ein Gedanke, der nicht positiv ist, der mir nicht guttut.

Hinterfrage den Gedanken. Denke kurz über den empfangenen Impuls nach. Ist er gut, oder nicht? Was löst er gerade in dir aus? Wie ist deine Reaktion darauf? Wenn er nicht gut ist, dann nimm ihn nicht an. Du musst ihn nicht annehmen. Wie? Tausche ihn gegen einen positiven Gedanken aus. Du fühlst dich plötzlich traurig, weil dir irgendetwas sagt, dass du nichts wert bist? Dann ruf dir in Erinnerung, dass du das Leben von Gottes Sohn wert bist, das er für dich hingegeben hat, und sprich es aus! Sprich aus, dass die Freude am Herrn deine Stärke ist. Denke an etwas, das dir Freude macht, wofür du dankbar sein kannst. Entscheide dich aktiv dafür.

Du kannst deine Gedanken beherrschen! Ich beweise es dir: Stell dir einmal vor, du bist dabei, im Kopf bis 100 zu zählen. Bei 73 sage ich „Stopp!" zu dir. Schlagartig hörst du auf zu zählen. Und schon hast du deine Gedanken beherrscht. Nichts anderes ist es mit allem, was dir durch den Kopf geht. Du kannst es jederzeit beenden und etwas anderes denken, es sei denn DU WILLST bei dem schlechten Gedanken bleiben, DU WILLST zum Beispiel sauer sein. Dann musst du „Buße tun", du musst umkehren. Du selbst bestimmst, was du denkst.

Du kannst dir auch ein Sieb über deinem Kopf vorstellen. Lass nur gute, positive, ermutigende Gedanken in deinen Kopf hinein. Alles andere lasse im Sieb. Ein Sieb hat die Funktion zu filtern. Der Inhalt soll nicht in den Topf gelassen werden. So soll es auch mit den zerstörerischen Gedanken sein: Lass sie nicht in dein Herz fallen!

Es ist ein Training, ein Prozess. Aber genauso, wie man sich schlechte Gewohnheiten und Gedankenmuster durch häufiges Wiederholen unbewusst antrainiert hat, kann man das Gegenteil im Positiven erzielen und das Antrainierte wieder wegtrainieren. Wir benötigen Disziplin und Geduld. Unser Gehirn ist wie ein Computer. Er merkt und speichert sich wiederholende Abläufe. Viele davon haben uns seit der Kindheit geprägt. Aus dieser Routine heraus treffen wir die meisten Entscheidungen, zum Großteil automatisch, ohne darüber nachzudenken. Und gerade bei schlechten Gedankenmustern kann uns dies zum Verhängnis werden. Deshalb sage Stopp zu den schlechten Gedanken! Das kann dir niemand abnehmen. Das kannst nur du selbst. Doch Gott wird dir dabei helfen.

Was wurde in dich hineingesät? Denke einmal darüber nach. Hinterfrage deine Gedankenmuster, die immer wiederkommen, und gehe sie an. Sei kühn und lege sie ab, indem du sie konfrontierst. Wenn du das ein paar Monate lang machst, speichert das dein Gehirn. Das ist wissenschaftlich erwiesen. So schaffst du eine neue Routine, die wesentlich erfrischender ist als die alte. Du wirst merken, wie du nach und nach entspannter wirst, weil du nicht mehr durch negative Gedanken belastet bist. Du wirst dich immer freier und glücklicher fühlen, denn die Schwere wird von dir weggehen.

Vertiefen und anwenden

Was denkst du?

Unsere Gedankenwelt ist sehr komplex. Jeden Tag strömen tausende Gedanken auf uns ein. Sie gehören zu unserem Leben dazu. Gedanken haben die Macht, uns positiv oder auch negativ zu beeinflussen. Daher ist es wichtig, sich die Gedanken „anzusehen" und zu analysieren.

- Mit welchen Gedanken hast du immer wieder zu kämpfen?

- Welche dieser Gedanken belasten dich am meisten, und weshalb?

- Woher kommen diese Gedanken? Was wurde in dich hineingesät?

- Was denkst du, kannst du dagegen unternehmen?

Kapitel 15

Das Prinzip von Saat und Ernte

In der Natur gibt es ein Prinzip: *Alles, was gesund ist, wird wachsen.* Ob das ein Obstbaum oder eine Pflanze ist, spielt keine Rolle. Früchte können ohne den dazugehörigen Baum oder Strauch nicht wachsen. Wenn ein Bauer in seinem Acker Kartoffeln setzt, wird er nach einer gewissen Zeit Kartoffeln ernten. Ja, er wird sie regelrecht erwarten. Er wird nicht erwarten, dass Karotten anstatt Kartoffeln hervorkommen, weil er weiß, was er mit aller Sorgfalt in seinen Ackerboden hineingelegt hat.

Ähnlich ist es mit unserem Herzen. Wenn Lieblosigkeit und Ablehnung statt Anerkennung in uns hineingesät wurden, wird deren Frucht auch aus unserem Herzen herauskommen. Wenn aber Liebe, Lob und Anerkennung in uns hineingelegt wurden, werden wir entsprechend darin wandeln. Es wird kein Problem sein, andere zu lieben. Mit Minderwertigkeit werden wir dann eher keine Schwierigkeiten haben.

Meine ersten Ehejahre waren sehr umkämpft. Es gab viele Diskussionen. Mein Mann und ich litten sehr darunter, weil ich nicht fähig war, ihm meine Liebe zu zeigen. Sehr oft war ich wütend auf ihn und habe tagelang nichts mit ihm gesprochen. Häufig habe ich die Türen hinter mir zugeknallt, auch sprichwörtlich. Dann fuhr ich mit quietschenden Reifen davon. Wie peinlich!

Ich war das krasse Gegenteil meiner Freundin. Sie ging immer liebevoll mit ihrem Mann um, umarmte ihn, gab ihm einen Kuss und nannte ihn Schatz. Ich wollte auch so sein wie sie. Bei ihr war das alles so natürlich. Eines Tages habe ich sie gefragt, wie sie das schafft, ihm so ihre Liebe zu zeigen. Sie gab mir als Antwort, dass sie von ihrem Vater viel Liebe bekommen habe und damit aufgewachsen sei. Für sie sei das ganz normal. In ihren jungen Jahren war dieser kostbare Samen in sie hineingesät worden. Somit konnte der Same „Liebe“ in ihrem Leben Frucht bringen. Dieses Privileg haben nicht alle. Ich habe sie dafür beneidet. *Das ist nicht fair*, dachte ich. Für mich war es ein Kampf, ja, eine Anstrengung. Wie habe ich es letztendlich geschafft, doch noch Liebe zu zeigen und weiterzugeben? Nur durch die Liebe meines himmlischen Vaters und durch Gehorsam. Ihm sei alle Ehre! Der Schlüssel dazu war der Beginn, mich selbst anzunehmen und zu lieben.

Für eine gute Ernte braucht man einen guten Ackerboden. Der Sämann hat einiges zu beachten. Er wird z. B. nicht im Winter säen, weil der gefrorene Boden viel zu kalt und zu hart wäre und somit den Samen nicht aufnehmen bzw. dieser nicht keimen könnte. Der Bauer bestimmt, was er, wenn die Zeit reif ist, ernten möchte. Seine Aufgabe ist, ausgewählte Samen in den vorbereiteten Ackerboden zu säen. Nach Ablauf einer bestimmten Zeit wird die Saat aufgehen und Frucht bringen. Bevor das passiert, wird der Same erst einmal in der Erde begraben. Man sieht ihn nicht mehr, bis der Keim aus der Erde sprießt und dann die Pflanze heranwächst. Erst wenn die Frucht reif ist, wird geerntet. Den Wachstumsprozess sollte man nicht zu früh stoppen oder gar unterbrechen. Der Sämann ist geduldig, weil er weiß, dass die Saat ihre Zeit braucht, um aufzugehen und heranzureifen. Während dieser ganzen Phase können Schädlinge, Pilze oder schlechte Wetterbedingungen die Ernte beeinträchtigen oder zerstören.

Wie sieht es mit deinem Samen aus? Was möchtest du ernten? Ich weiß, ich stelle viele Fragen. Das mache ich bewusst, um dich zu animieren, nach Antworten oder Lösungen zu suchen. Wenn ich z. B. Freundlichkeit ernten möchte, muss ich Freundlichkeit in mich hineinsäen. Das war bei mir ebenfalls so ein Thema. Ich danke Gott für Freundlichkeit und versuche meinem Nächsten freundlich gesinnt zu sein. Es ist ein Prozess der Beschneidung.

Eines Morgens auf dem Weg zur Arbeit, nachdem ich wieder einmal tagelang nicht mit meinem Mann gesprochen hatte, sprach Gott zu meinem Herzen. Er sagte mir, dass ich nach Hause zurückgehen solle, um meinem Mann einen Kuss zu geben, quasi als Entschuldigung. „Was, ich? Nö! Ich muss zum Bus und würde zu spät zur Arbeit kommen.“ Diese Ausrede war dämlich, weil ich Gleitzeit habe. Es entstand ein innerer Kampf in mir zwischen der alten und der neuen Natur. Die Angst, von ihm abgewiesen zu werden, schüchterte mich ein. Aber ohne Kampf kein Sieg. Nach einigen Diskussionen und Ausreden ging ich zurück nach Hause.

Er lag noch im Bett. Ich ging zu ihm hin und gab ihm einen Kuss. Du kannst dir nicht vorstellen, wie happy ich danach war! Endlich machte ich mal fruchtbringende Schritte. Nachmittags fragte mein Mann mich ganz erstaunt, ob ich wirklich zurückgekommen sei, um ihm einen Kuss zu geben. Er dachte, er habe das nur geträumt.

Dieser Schritt mag für dich unverständlich und banal sein. Er zeigt dir vielleicht ein bisschen, wie kaputt mein Leben war.

Wir wollen oft etwas haben, aber ohne etwas dafür zu geben. Bei dem Saat- und Ernteprinzip funktioniert das aber nicht, genauso wenig wie in der Natur. Ohne Saat keine Ernte. Ohne Fleiß kein Preis. Es kostet uns einen Preis. Möchtest du Liebe ernten? Dann beginne, Liebe auszusäen. Je mehr wir säen, umso mehr ernten wir. Das Beschneiden kann schmerzhaft sein und oft verstehen wir diesen Prozess auch nicht. Zumindest nicht gleich. Wenn wir es ernst meinen, wollen wir auch gute Frucht hervorbringen. Und dazu sind gewisse Prozesse und Voraussetzungen in unserem Leben notwendig.

> *Macht euch nichts vor! Gott lässt keinen Spott mit sich treiben. Was der Mensch sät, das wird er auch ernten* (Galater 6,7 NGÜ).

Das ist ein geistliches Prinzip. Und es funktioniert! Vielleicht haben Menschen um dich herum nicht viel Gutes in dich hineingesät. Vielleicht denkst du deshalb: „Wieso sollte ich also Gutes in andere hineinsäen?"

Nun, zuerst einmal ist es wichtig und heilsam, dass du den guten Samen – also positive, schöne, ermutigende, liebende Gedanken und Worte – in dich aufnimmst. Es heißt ja auch: *Liebe deinen Nächsten, wie dich selbst!* (vgl. Markus 12,31). Du bist wichtig! Es fällt uns leichter, in andere zu säen, zu investieren, wenn es uns selbst gut geht. Warte aber bitte nicht, bis du perfekt bist, denn das wirst du nie sein. Das werden wir nie sein, solange wir hier auf der Erde sind. Wir sind durch Jesus auf dem Weg zur Perfektion. Durch unsere Beziehung zu ihm werden wir gesund wachsen und gute Frucht hervorbringen. Freu dich auf dein persönliches Wachstum! Du wirst erstaunt sein, zu was du alles fähig sein wirst.

> *Ich bin der wahre Weinstock, und mein Vater ist der Weingärtner. Jede Rebe an mir, die nicht Frucht bringt, die nimmt er weg [oder: hebt er hoch]; und jede, die Frucht bringt, die reinigt er, dass sie mehr Frucht bringt* (Johannes 15,1-2 ELB).

Vertiefen und anwenden

Das Prinzip von Saat und Ernte

Was man sät, erntet man. Das ist ein Prinzip, das nicht nur in der Natur gilt, sondern auch in all unseren Lebensbereichen. Was wir heute aussäen, werden wir im Morgen ernten. Du hast als Kind wenig Einfluss darauf gehabt, was man in dich hineingesät hat. Heute kannst du selbst entscheiden, was du in dich hineinlässt und was du aussäen, also anschließend ernten möchtest.

- Was wurde Gutes in dich hineingesät?

- Was für „Pflanzen" (Charaktereigenschaften) sind aus diesen „Samen" hervorgekommen?

- Was wurde Schlechtes in dich hineingesät?

- Was für „Pflanzen“ (Charaktereigenschaften) sind daraus hervorgegangen?

- Welche Erkenntnis(se) hast du durch dieses Thema erlangt?

Kapitel 16

Sammle Schätze in deinem Herzen

Die Bibel schreibt dem Herzen Gedanken, Überlegungen, Verstand, Willen, Urteilskraft, Planung, Verlangen, Liebe, Hass, Furcht, Freude, Sorge und Zorn zu. All das kann auch unser physisches Herz beeinflussen. Gewisse Gedanken und Gefühle können sich negativ auf unser Herz-Kreislauf-System auswirken. Das Herz ist das Zentrum jedes Menschen, der Ort, an dem die Entscheidungen fallen.

Sieh dein Herz an wie einen Ackerboden. Bei einem guten, vorbereiteten Boden gedeiht jede Art von Samen. Du brauchst einen weichen Boden, also ein weiches Herz. In Sprüche 4,23 steht, dass wir unser Herz mit allem Fleiß behüten oder bewahren sollen, denn daraus quillt das Leben. In einer anderen Übersetzung steht, dass wir unser Herz mehr als alles andere behüten sollen. Man spricht auch von der Quelle des Lebens. Aus einer Quelle sollte klares, reines, sprudelndes Wasser fließen und keine trübe, stinkende Kloake.

Wir selbst haben es in der Hand. Die Art wie wir denken, prägt unser Tun und unser Leben. Aus unserem Herzen können böse Gedanken, Lästerung, Neid, Unvernunft und noch vieles mehr kommen. Ein fröhliches, erfülltes Herz hingegen tut unserem ganzen Sein gut. Sieh dein Herz als einen Schatz an. Ein Schatz ist eine Ansammlung von kostbaren Dingen. In einem Film hast du bestimmt schon einmal eine Schatztruhe gesehen, gefüllt mit Münzen, Diamanten oder Gold. Es funkelt wunderschön daraus. Beim Anschauen leuchten einem die Augen. Dein Herz ist viel mehr wert als eine Schatztruhe voller Gold.

Dein Schatz in deinem Herzen bestimmt die Qualität deines Lebens. Investiere in dein Herz! Reinige es, indem du alles hinauswirfst, was faul ist, was weh tut. Begib dich in diesen Prozess, ohne Angst zu haben.

Fang an, in dich hineinzuhören, und betrachte dein Herz. Was siehst du darin? Mach dir ruhig auch Notizen. Frage dich, was du in deiner Schatztruhe haben möchtest und was nicht. Miste aus! Fang an, Gutes zu sammeln und zu säen.

Im Büro habe ich eine Postkarte, auf der steht, dass man sich Zeit nehmen soll für die Dinge, die einem guttun. Genau! Mir tut es sehr gut, Zeit mit Gott zu verbringen, Gemeinschaft mit ihm zu haben. Sein Wort zu lesen tut mir gut, weil es heilsam für meine Seele ist. Ich gehe gerne raus in die Natur und spreche mit ihm. Auch der Gottesdienstbesuch tut mir gut. Ebenso die Gemeinschaft mit Freunden und Geschwistern. Menschen zu lieben tut mir gut, und etwas für notleidende Menschen zu machen. Und ich denke nicht mehr schlecht über mich. Das sind alles Schätze, die ich in meinem Herzen sammle. Das verhindert, dass mein Herz wieder kalt und hart wird. Sammle bewusst Schätze und du wirst Wunderbares ernten!

Wenn man einen Schatz gefunden hat, passt man mit Sicherheit sehr darauf auf, denn ein Schatz ist etwas Kostbares. Nichts soll verloren gehen oder gestohlen werden. Du beschützt deinen Schatz. Ein Dieb hat Interesse daran, deinen Schatz zu stehlen. Das Wort Gottes beschreibt den Teufel als Dieb. Er möchte deinen guten Samen stehlen. Sein Ziel ist, dich am geistlichen Wachstum zu hindern. Er möchte dich klein halten, damit du ja nicht in die Berufung hineinkommst, die Gott für dein Leben hat. Du könntest ja für ihn gefährlich werden und Gott dienen.

Deshalb: Pass auf! Wache über deine Gedanken und Gefühle. Bewahre und verteidige dein Herz, deine Quelle. Verriegele es vor den negativen Einflüssen, die dich mürbe machen wollen. Glaube nicht den Lügen des Teufels. Säe jeden Tag Gutes in dich hinein. Sprich Gutes über dich aus. Diese Investition wirst du nicht bereuen, denn es geht um dein Leben. Vergeude es nicht!

Vertiefen und anwenden

Sammle Schätze in deinem Herzen

In deinem Herzen steckt das Leben, und zwar nicht nur das physische. Das Herz kann voller guter wie auch schlechter Dinge sein. Anhand deiner Worte kannst du erkennen, was in deinem Herzen ist, denn dein Tun, Reden und Handeln offenbaren, was wirklich in deinem Herzen verborgen ist.

- Wie sieht es in deinem Herzen aus?

- Wie beeinflusst deine Herzenseinstellung deine Entscheidungen und Handlungen im Alltag?

- Welche konkreten Schritte kannst du unternehmen, um dein Herz vor negativen Einflüssen zu bewahren?

Kapitel 17

Was hast du im Sinn? Was hast du vor?

Vielleicht kennst du die Geschichte von Kain und Abel, den ersten beiden Söhnen von Adam und Eva. Kain war ein Bauer und sein Bruder Abel ein Schafhirte. Beide brachten Gott ein Opfer, Kain einen Teil seiner Ernte und Abel von den erstgeborenen Lämmern aus seiner Herde. Gott nahm Abels Opfer an, das von Kain beachtete er jedoch nicht – denn Gott hatte in die Herzen hineingesehen. Abel brachte sowohl das Erste als auch das Beste dar. Kain jedoch brachte einfach irgendetwas von seiner Ernte.

Kain war sauer, weil sein Opfer nicht beachtet wurde. Er kam sowieso nicht gut mit seinem Bruder aus. Sie waren einfach zu verschieden.

Gott konfrontierte Kain mit seiner Herzenshaltung:

> *„Warum bist du so zornig und blickst so grimmig zu Boden?", fragte ihn der HERR. „Wenn du Gutes im Sinn hast, kannst du doch jedem offen ins Gesicht sehen. Wenn du jedoch Böses planst, dann lauert die Sünde schon vor deiner Tür. Sie will dich zu Fall bringen, du aber beherrsche sie!"* (1. Mose 4,6-7 HFA).

Gott warnt Kain, nicht nach seinen Gefühlen zu gehen, denn sonst würde er sündigen. Leider hörte Kain nicht auf ihn. Kains Hass auf Abel führte schließlich zum Mord. Er brachte seinen eigenen Bruder um.

Empfindest du für jemanden Hass? Wie reagieren wir auf Menschen, die anders ticken als wir, andere Gaben und Interessen haben? Was empfinden wir für Menschen, die uns enttäuscht und verletzt haben? Vielleicht sind wir auch zornig auf diese Menschen. Wenn dich das betrifft, magst du nun einwenden, dass du immerhin keinen Mord begangen hast. Doch bereits mit Worten kann man das tun, indem man z. B. sagt: „Der/die ist für mich gestorben!"

Lass mich dir sagen, dass Hass und Zorn dir selbst schaden. Sie wirken sich zerstörerisch auf dein Leben aus. Lebe in der Vergebung und akzeptiere den Menschen, so wie er ist. Du und ich, wir können andere nicht verändern – nur uns selbst, mit der Hilfe Gottes.

Senkst du in bestimmten Situationen auch deinen Blick wie Kain? Was sind deine Empfindungen und Gedanken dabei? Du kannst sie bewerten und analysieren. Oft spricht schon das Gewissen zu uns, weil wir bereits wissen, dass unsere Empfindungen nicht gut sind. Wenn wir das ignorieren, wird unser Sinn verfinstert und die Gefahr ist groß, einen Fehler zu begehen und gegenüber unserem Nächsten zu sündigen. Selbstgerechtigkeit ist keine gesunde Einstellung. Sie hat mit Stolz und Arroganz zu tun. Wir glauben, es besser zu wissen als die anderen, und bringen im Prinzip zum Ausdruck: „Ich stehe über dir. Du hast mir nichts zu sagen!", auch wenn wir das nicht immer so direkt artikulieren würden. Ich glaube, dass auch hierfür Ablehnung die Wurzel ist.

Wir brauchen Gnade und Barmherzigkeit. Bitte Gott darum! Er liebt dich so sehr, dass er dich nicht mit gesenktem Blick und voller Bitterkeit und Stolz durchs Leben gehen sehen möchte. Sieh die Menschen, wie Gott sie sieht. Das hat mir persönlich sehr geholfen. Wenn mir ein Mensch etwas antut oder mich enttäuscht, ziehe ich – geistlich gesprochen – Gottes Brille auf. Das heißt, ich schaue den Menschen durch Gottes Augen an. Dabei stelle ich mir folgende Fragen:

- Wie sieht Gott ihn/sie?
- Was denkt er über diese Person?
- Was würde er in dieser Situation jetzt machen?

Gott liebt die Menschen, und zwar alle. Wir wurden aus Liebe erschaffen. Er denkt gut über sie. Seine Hand ist und wird immer ausgestreckt sein, um jedem zu helfen – vorausgesetzt, dass man seine Hilfe annimmt. Er liebt dich genauso wie denjenigen, den du nicht magst. Er macht keine Unterschiede, und er hat auch keine Lieblingskinder. Wer bin dann ich, dass ich meinen Nächsten ablehne und eventuell sogar hasse? Jetzt denkst du vielleicht: „Ja, aber ich bin nicht Gott!" Korrekt. Du bist aber nach seinem Ebenbild gemacht worden; geschaffen, um zu lieben, und kreiert, um gute Werke zu tun.

In Vers 7 sagt Gott zu Kain, dass er über die Sünde herrschen soll, und nicht umgekehrt die Sünde über ihn. Böse Absichten und Gedanken sollen nicht über ihn herrschen oder ihn dominieren. Er hat auf diesen Ratschlag nicht gehört, und das Ergebnis, die Frucht daraus, war der Mord an seinem eigenen Bruder.

Wache über deine Absichten und Gedanken! Lass dich nicht irreführen! Wir haben kein Recht, andere Menschen anzuklagen und zu richten. Das können wir Gott überlassen, denn eines Tages wird jeder Mensch Rechenschaft vor ihm ablegen müssen. Gib ihm alle Ungerechtigkeit, Unversöhnlichkeit, Hass – einfach alles – ab. Er wird sich darum kümmern, wenn du auf ihn hörst. Gott hat uns die Fähigkeit gegeben, zwischen Gut und Böse zu unterscheiden. Entscheide dich für das Gute, denn Böses mit Bösem zu vergelten, bringt wiederum Böses hervor.

> *Die nach Bösem trachten, werden in die Irre gehen; die aber auf Gutes bedacht sind, werden Güte und Treue erfahren* (Sprüche 14,22).
>
> *Vergeltet niemandem Böses mit Bösem. Seid auf Gutes bedacht gegenüber jedermann. Ist's möglich, soviel an euch liegt, so habt mit allen Menschen Frieden* (Römer 12,17-18).

Gott ermutigt uns, uns auf das Gute zu konzentrieren, und zwar in allem und gegenüber allen. Das fügt unserem Herzen keinen Schaden zu. Böse oder negative Gedanken dagegen beschweren unser Herz. Tue das, was du tun kannst und was in deiner Macht steht. Wenn dein Gegenüber nichts mit dir zu tun haben möchte, dann bist du frei davon, solange du es versucht hast.

Vertiefen und anwenden

Was hast du im Sinn? Was hast du vor?

Kain wurde auf seine Herzenshaltung angesprochen. Seine Absichten waren nicht gut. Er begann, seinen Bruder zu hassen, was in Mord endete. Mit einer Absicht oder einem Vorhaben möchte man ein bestimmtes Ziel erreichen oder eine bestimmte Handlung ausführen. Daher sollten wir gut und bedacht auf unsere Gefühle und Gedanken achten, um keinen Schaden zu verursachen.

- Gibt es jemanden, der es dir nicht leicht macht? Schreibe deine Einstellung ihm/ihr gegenüber auf.

- Wie kannst du deine Einstellung verändern?

Kapitel 18

Umwege – nein, danke!?

Wer kennt sie nicht? Wir „lieben" Umwege. – Das ist natürlich ironisch gemeint. – Sie nerven und bringen uns später als gewollt zum Ziel. Besonders lustig wird es, wenn dich dein Navi über Umwege zum Zielort führt. Ein Navi zu haben ist toll, aber manchmal frage ich mich, was es macht.

Vor einigen Monaten war ich auf dem Weg zu einer Geburtstagsfeier. Da ich nicht genau wusste, wo sich das Lokal befand, gab ich die Adresse in mein Navi. Nach fünf Minuten dachte ich mir: *Wo lotst die mich eigentlich hin?* (Mein Navi spricht mit einer weiblichen Stimme.) Nach weiteren fünf Minuten befürchtete ich, dass diese Richtung komplett falsch war. Mir wurde schon ganz komisch und die Zweifel wuchsen. Doch dann, nach weiteren zehn Minuten, gelangte ich tatsächlich am Ziel an, allerdings über einen nicht geringen Umweg, denn das Lokal hätte ich in der Hälfte der Zeit über einen anderen Weg erreichen können. Dieser Umweg war total unsinnig, hat mich etwas gestresst und mehr Zeit gekostet. Aber ich kam am Ziel an, was letztendlich zählt.

In all meinen Jahren als Christin habe ich festgestellt, dass Gott gerne „Umwege" benutzt. Wir wollen immer alles schnell erledigt haben, am besten schon gestern, nicht wahr? Aber Gottes Umwege haben einen Grund. Sie sind sein Wille.

An seinen Wegen mit Gottes Volk sehen wir das ebenfalls:

> *Als nun der Pharao das Volk hatte ziehen lassen, führte sie Gott* ***nicht*** *den Weg durch das Land der Philister,* ***der am nächsten war;*** *denn Gott dachte, es könnte das Volk gereuen, wenn sie Kämpfe vor sich sähen, und sie könnten wieder nach Ägypten umkehren. Darum ließ er das Volk* ***einen Umweg machen,*** *den Weg durch die Wüste zum*

Schilfmeer. Und die Israeliten zogen wohlgeordnet aus Ägyptenland … (2. Mose 13,17-18).

Jedes Mal, wenn Gott dich über Umwege an ein Ziel führt, hat er seine Gründe dafür. Hier lesen wir, weshalb er sein Volk nicht über den direkten Weg zum Sinai geführt hat. Er wollte vermeiden, dass sie vor eventuellen Kämpfen zurückschrecken und umkehren würden, denn der Weg des Widerstands ist schwerer und steiniger. Sie waren ja 430 Jahre lang in Ägypten gewesen und Versklavung sowie Demütigungen gewohnt, was bedeutete, dass sie lieber klein beigaben, als sich zu wehren. Wie schnell neigen wir selbst dazu, in alte Gewohnheiten zurückzufallen, weil es zu anstrengend ist, neue zu schaffen.

Es ist notwendig, zuversichtlich in die Zukunft zu schauen, auf das, was vor einem liegt. Gott hat in seiner Gnade sein Volk davor bewahrt, einen Rückzieher zu machen. Und auch auf der sehr langen Reise durch die Wüste begleitete Gott sie die ganze Zeit, obwohl sie sich diesen 40-jährigen „Umweg" selbst zuzuschreiben hatten. Er war die Konsequenz ihrer Furcht, ihres Unglaubens und Ungehorsams, durch den sie nicht in das Verheißene Land eingezogen waren. Doch Gott blieb bei ihnen und zog selbst vor ihnen her, am Tag mit einer Wolkensäule, um ihnen den Weg zu zeigen, und nachts in einer Feuersäule, um ihnen zu leuchten. Er versorgte sie täglich mit frischem Manna und Wachteln vom Himmel. Dadurch hat er ihnen und uns ein Prinzip beigebracht: Dass wir ihm jeden Tag für seine Versorgung vertrauen sollen – und zwar unabhängig davon, ob alles gut läuft oder wir uns in einer aussichtslosen Situation befinden.

Manchmal führt er uns eben einen längeren Weg. Weshalb? Möchte er uns ärgern? Nein, ganz gewiss nicht! Auch wenn wir zugeben müssen, dass wir manchmal trotzdem mit seinen „Umwegen" unzufrieden sind. Aber er möchte uns dadurch etwas zeigen und uns formen, indem er eben an uns arbeitet. Wir benötigen diesen Prozess bis zum Erlangen der Verheißung, weil wir die Charakterentwicklung benötigen. Einen guten Charakter zu haben, ist enorm wichtig, denn deine Gaben und Talente können dich an Orte oder in Situationen bringen, wo dein Charakter stark herausgefordert wird. So mancher göttliche Umweg mag uns also nicht gefallen, aber er hat ein Ziel: Christus immer ähnlicher zu werden.

> *Wir wissen aber, dass denen, die Gott lieben, alle Dinge zum Besten dienen, denen, die nach seinem Ratschluss berufen sind. Denn die er ausersehen hat, die hat er auch vorherbestimmt, dass sie gleich sein sollten dem Bild seines Sohnes, damit dieser der Erstgeborene sei unter vielen Brüdern. Die er aber vorherbestimmt hat, die hat er auch berufen; die er aber berufen hat, die hat er auch gerecht gemacht; die er aber gerecht gemacht hat, die hat er auch verherrlicht* (Römer 8,28-30).

Das ist ein Versprechen! Sein Vorhaben ist nicht, dich auf die Folter zu spannen. Er erzieht dich als ein liebender Vater, der sich um dich sorgt. Du bist berufen, vorherbestimmt, gerecht und durch ihn verherrlicht. Du brauchst Geduld, während du auf etwas wartest, wobei du jedoch schon fortschreitende Heilung und Veränderung in dir sehen kannst. Gerade Geduld bringt einen ehrenvollen Charakter hervor. Und das benötigt nun mal Zeit – Gottes angemessene Zeit, nicht deine oder meine.

Zu Anfang meiner Zeit als Christin hatte ich den starken Wunsch, Gott zu dienen. Aber durch einen Bruder, der nichts davon wusste, sprach er zu mir und teilte mir mit, dass ich für den Dienst noch nicht bereit sei. Ich würde mir selbst und anderen schaden. Ich war enttäuscht, denn ich verstand nicht, vor allem nicht, warum ich anderen schaden würde. Mit der Zeit habe ich es herausbekommen: Ich war nicht bereit, weil mein Charakter noch völlig deformiert war. So konnte ich nicht auf die Menschheit losgelassen werden. Mit meiner Art und dem ganzen Müll in meiner Seele hätte ich tatsächlich Schaden angerichtet.

Das Buch, dass du jetzt in deiner Hand hältst, wollte ich bereits vor zehn Jahren schreiben. Das war im Jahr 2013. Meine 12 Jahre jüngere Schwester war damals an derselben Krankheit wie zuvor mein Mann erkrankt. Für mich ein Schock. Ich wollte den Alptraum nicht auch noch mit meiner Schwester durchmachen. Gott sei Dank befand sich die Krankheit im Anfangsstadium und war somit gut therapierbar. Natürlich haben wir sie im Gebet begleitet. Heute ist sie glückliche Mutter von zwei Kindern.

Und dann, 10 Jahre später, habe ich Gott gefragt: „Warum erst jetzt? Warum schreibe ich erst jetzt dieses Buch?" Kannst du dir den Grund denken? Weil ich diese Zeit gebraucht habe, um noch viele Erfahrungen zu sammeln. Ich stehe heute geistlich und charakterlich ganz woanders als vor zehn Jahren. Ich hätte diese Seiten substanziell gar nicht so füllen können, wie es jetzt der Fall ist. Es ist nie zu spät und man ist auch nie zu alt, um noch etwas zu beginnen. Klar, ich hätte es viel eher schreiben wollen. Es führt aber zu nichts, der in meinen Augen verlorenen Zeit hinterherzujammern. Ich lebe im Jetzt und nicht im Gestern. Denn: Vergangen ist vergangen.

Hast du eine Vision, einen Traum, ein Ziel, das dir auf dem Herzen brennt und das du unbedingt erreichen möchtest? Dann halte es fest! Die richtige Zeit dafür wird kommen – zu SEINER Zeit. Und seine Zeit ist die perfekte Zeit, weder zu früh noch zu spät. Du wirst während den scheinbaren Umwegen sicherlich mit Zweifel und Bedenken in Berührung kommen, gerade, wenn kein Land in Sicht ist. Hier heißt es warten und ausharren. Wenn Gott zu etwas Ja sagt, dann ist es ein Ja.

Ich liebe die Geschichte von Josef. Bis zur Erfüllung seiner Verheißung musste er Ablehnung, Ungerechtigkeit, Eifersucht, Verrat und Betrug erfahren. (Darüber habe ich etwas im Kapitel „Das Wartezimmer Gottes" geschrieben.) Doch er gab nie auf. Er ist Gott treu und integer geblieben. Er hat an seiner Verheißung festgehalten und geduldig, voller Glauben, bis zur Erfüllung darauf gewartet. Während dieser Reise war Gott mit ihm und gab ihm Gunst bei den Menschen.

Sei also guten Mutes! Du und ich, wir benötigen diese göttlichen „Umwege". Absolviere die Reise mit einer gesunden Haltung und sei nicht mehr frustriert. Du gehst da nicht alleine durch. Behalte immer das Ziel vor Augen. Das wird dich motivieren, dranzubleiben. Gib nicht auf! Schütze dich vor Gedanken wie: *Ich schaff das nicht, ich halte das nicht aus, ich habe keine Kraft mehr* ... Erlaube diesen Gedanken nicht, in dein Herz zu fallen und dort Wurzeln zu schlagen. Diese Art von Gedanken haben sonst die Macht, dich stolpern und aufgeben zu lassen.

Wirst du während der Reise müde und schwach? Das kann vorkommen. Aber du kannst dir sicher sein, dass Gott mit dir da durchgeht, und er wird dir auch neue Kraft schenken. Wichtig ist, am Ziel anzukommen, auch wenn es länger dauert als gewünscht. Bist du dann dort, wirst du den Umweg nicht mehr bedauern, weil du erkennen wirst, dass er nötig war. Eltern haben die Aufgabe, ihre Kinder zu erziehen. Jesus tut es auch mit uns, um uns zu lehren und ans Ziel zu führen.

Vertiefen und anwenden

Umwege – nein, danke!?

Wir wissen, dass ein Umweg länger ist als der direkte Weg. Man kommt zwar zum angegebenen Ziel, aber eben nicht zur gewünschten oder angegebenen Zeit. Und doch würdest du die Route nicht abbrechen, um wieder zurück nach Hause zu fahren. Du bleibst auf der Route, unabhängig davon, ob dich der Umweg stresst oder nervt. Du bleibst dran, weil du zum Ziel gelangen möchtest.

- Steckst du gerade irgendwo fest? Wie reagierst du darauf?

- Kannst du erkennen, dass Gottes „Umwege" gut für dich sind? Warum?

Kapitel 19

Was siehst du?

Unsere Augen sehen Tag für Tag Tausende von Dingen, darunter schöne und auch weniger schöne. Wenn wir etwas Schönes in der Natur sehen, erfreut es uns. In der Deko-Abteilung eines Ladens kaufen wir uns so manches, weil wir gewisse Artikel einfach nur schön finden. Wir brauchen sie nicht einmal.

Was ist mit unseren inneren Augen, unserer Wahrnehmung? Mit unseren physischen Augen können wir vielleicht recht gut sehen, aber unsere inneren Augen können blind sein – und zwar geistlich blind. Wir können oder wollen bestimmte Dinge nicht wahrnehmen. Jeder Mensch hat eine andere Wahrnehmung.

> *Du Menschenkind, du wohnst in einem Haus des Widerspruchs; sie haben Augen zu sehen und sehen nicht, und Ohren zu hören und hören nicht; denn sie sind ein Haus des Widerspruchs* (Hesekiel 12,2).

Zugegeben, es kommt vor, dass wir gewisse Sachen sehen, sie aber doch nicht sehen, weil wir sie nicht sehen wollen. Wir sehen einfach darüber hinweg. Nun führt dieses Darüber-Hinwegschauen aber nicht zu einem Ziel oder zu einer Lösung bzw. einer Veränderung. Es macht einen großen Unterschied, ob man hin- oder wegsieht. Bei einem Unfall sieht man oft Schaulustige, die durch ihre Neugierde sogar noch die Rettungsarbeiten oder den Verkehr behindern können. Bei Prügeleien schreitet man aus Angst oft nicht ein. Man sieht die Gewalttat, tut aber so, als würde man sie nicht sehen. (Klar, man muss natürlich weise und vorsichtig sein. Am besten, man ruft sofort die Polizei.)

Immer wieder habe ich Dinge in mir gesehen, die nicht in Ordnung waren, und mich dann oft damit gerechtfertigt, dass ich halt so bin und nicht anders sein kann. Heute gehe ich Dinge in mir an, die noch Veränderungspotenzial haben. Ich hinterfrage mich. Manchmal bitte ich auch enge Freunde, es mir ehrlich zu sagen, wenn sie etwas in mir sehen, das nicht okay ist. Es hält mich demütig und offen. Wenn wir das tun, gestehen wir uns ein, dass wir nicht perfekt sind. Nimm konstruktive Kritik an!

Wenn meine Wimperntusche verlaufen ist, es mir aber niemand sagt, laufe ich so lange damit herum, bis ich es selbst im Spiegel sehe. Es ist gesund, eine oder mehrere Vertrauenspersonen zu haben, die uns gegenüber ehrlich sind und uns bei unserer Entwicklung unterstützen.

> *Und er gebe euch erleuchtete Augen des Herzens, damit ihr erkennt, zu welcher Hoffnung ihr von ihm berufen seid, wie reich die Herrlichkeit seines Erbes für die Heiligen ist …* (Epheser 1,18).

Der Apostel Paulus wünscht sich, dass wir die Hoffnung erkennen. Erkennen hat etwas mit Wahrnehmen zu tun, auch mit Wissen. Wir sollen wissen, zu welcher Hoffnung wir berufen sind. Wenn wir nur sehen könnten, wie wichtig und kostbar wir in Gottes Augen sind und was für ein Erbe wir in Christus empfangen haben, würden wir ganz anders unseren Alltag meistern. Wir wären viel gnädiger mit uns selbst und mit unserem Nächsten. Ein Erbe erhält man bekanntlich nach dem Tod einer Person. Da Jesus für uns am Kreuz gestorben ist, haben wir durch ihn bereits Anteil an seinem himmlischen Erbe bekommen. Wir werden das ewige Leben mit Gott verbringen. Das Schöne ist, dass die Ewigkeit bereits hier beginnt. Wir haben schon jetzt Anteil an seinen Verheißungen. Darauf wollen wir mit unseren geistlichen Augen schauen.

Im Alten Testament lesen wir von einer interessanten Begebenheit bezüglich des Sehens. Auf seinem Zug durch die Wüste wurde das Volk Gottes von einem König namens Arad angegriffen, der auch einige Israeliten gefangen nahm. Da tat Israel Gott gegenüber ein Gelübde. Er erhörte das Volk und gab ihm den Sieg. Die Israeliten fingen auf dem Weg aber an, gegen Gott und Mose zu reden. Sie beklagten sich, weil sie sich nach dem Auszug aus Ägypten nun in der öden Wüste befanden.

> *Da sandte der HERR feurige Schlangen unter das Volk, und sie bissen das Volk; und es starb viel Volk aus Israel. Da kam das Volk zu Mose, und sie sagten: Wir haben gesündigt, dass wir gegen den HERRN und gegen dich geredet haben. Bete zu dem HERRN, dass er die Schlangen von uns wegnimmt! Und Mose betete für das Volk.*

Und der HERR sprach zu Mose: Mache dir eine Schlange und tu sie auf eine Stange! Und es wird geschehen, jeder, der gebissen ist und sie ansieht, der wird am Leben bleiben.
Und Mose machte eine Schlange von Bronze und tat sie auf die Stange; und es geschah, wenn eine Schlange jemanden gebissen hatte und er schaute auf zu der ehernen [bronzenen] Schlange, so blieb er am Leben (4. Mose 21,6-9 ELB).

Eine klare Anweisung: Wenn jemand gebissen wurde, sollte er die bronzene Schlange anschauen. Ihre physischen Augen mussten die Israeliten auf die Schlange richten, und mit den geistlichen Augen mussten sie ihre Heilung sehen und daran glauben. Indem sie das taten, blieben sie am Leben.

Gott ist so voller Güte, dass er uns durch sein Wort zeigt, was gut für uns ist und was nicht. Es ist uns zwar alles erlaubt, aber nicht alles dient uns zum Guten (vgl. 1. Korinther 10,23). Wir haben die Wahl, worauf wir schauen wollen und wie wir etwas sehen möchten.

Indem wir auf Jesus schauen, werden wir verwandelt. Er, der niemals gesündigt hatte, wurde für uns „zur Sünde gemacht", damit wir in ihm Gottes Gerechtigkeit würden (vgl. 2. Korinther 5,21). Das symbolisiert die bronzene Schlange – nämlich den mit unserer Sünde am Kreuz sterbenden Jesus. Durch ihn sind wir gerettet und heil geworden. Wenn wir ihn anschauen und was er für uns vollbracht hat, werden wir geheilt und verwandelt.

Wir sehen also auf ihn, und nicht mehr auf uns oder auf andere Menschen. Das ist ein fortwährender Prozess, der Ausdauer erfordert. Wir sollen uns entscheiden, täglich auf ihn zu schauen. Er ist unser Retter, der Anfänger und Vollender unseres Glaubens, unser liebender Vater im Himmel, unser Heiler und Helfer. Das Volk sollte auf die Schlange schauen, um geheilt zu werden, ein Sinnbild bzw. eine Vorausschau auf Jesus. Heute sollen wir unsere Augen auf Jesus selbst richten.

Worauf liegt also dein Fokus? Auf dir selbst, deinen Problemen und Schwierigkeiten? Dadurch gehen sie nicht weg, sondern blähen sich eher noch auf und wachsen in deinen Augen. Wohin siehst du? Schaust du andere an, oder den Feind? Das wird dir nicht weiterhelfen. Im Gegenteil. Das lenkt dich wieder ab. Die andere Frage ist, **wie** siehst du? Schwarzweiß, negativ, mit beurteilenden oder sogar verurteilenden Augen? Schau auf Jesus! Denn indem du ihn ansiehst, wirst du ihm in seinem

Wesen und Handeln ähnlicher. Seine Augen sind voller Liebe zu dir. Er sieht in dir bereits das Gute und Vollendete.

Vertiefen und anwenden

Was siehst du?

Tag für Tag erhalten wir viele unterschiedliche Informationen durch unsere Sinnesorgane. Wir können sehen, hören, schmecken, riechen und fühlen. Dass wir dadurch beeinflusst werden, steht außer Frage.

- Auf was siehst du? Worauf bist du fokussiert?

- Wie siehst du dich selbst?

Kapitel 20

Sei fokussiert!

Fokussiert zu sein, bedeutet, zielgerichtet zu sein. Man hat sich ein Ziel gesetzt, das man erreichen möchte. Es heißt auch, etwas anzuvisieren. Du bist voll und ganz bei einer bestimmten Sache. Alles um dich herum wird ausgeblendet.

Nehmen wir einmal das Bogenschießen. Etliche Meter von dir entfernt ist eine Zielscheibe aufgestellt. Wer mit seinem Pfeil den mittleren Kreis trifft, erhält die meisten Punkte. Du musst also den Kreis in der Mitte fokussieren. Du zielst darauf, um ihn zu treffen. Das bedarf der Konzentration. Vor einigen Jahren habe ich das einmal ausprobiert. Man ist wirklich sehr konzentriert, um das Ziel zu treffen.

Wenn man auf etwas zielgerichtet ist, sollte man sich nicht ablenken lassen. Wie leicht lassen wir uns aber ablenken ...

Stell dir nun einmal ein Rohr vor. Oder versuche es mit einer Toilettenpapierrolle selbst. Schau hindurch und visiere irgendetwas an. Du sieht jetzt nur das, was du durch das Rohr bzw. die Rolle anvisierst. Um dich herum siehst du nun nichts anderes mehr. Du schaust dir allein dein ausgewähltes Ziel an – alles andere interessiert dich gerade nicht.

Konzentration kann man lernen. Ein Boxer muss während seines Kampfes seinen Gegner genau im Auge behalten. Zuvor hat er sich höchstwahrscheinlich über dessen Techniken, Stärken und Schwächen informiert. Er muss sein Gegenüber fokussieren, ansonsten wird er sehr schnell k. o. geschlagen und am Boden liegen. Der Boxer wird mit seinen Fäusten nicht wahllos in die Luft schlagen. Nein, er möchte so wenige Faustschläge wie möglich einkassieren und gewinnen. Das ist sein Ziel, um das er kämpft. Er setzt seine Fäuste fokussiert und zielgerichtet ein. Auch unser Leben ist ein Kampf.

Diese praktischen Beispiele sollen uns helfen, in den geistlichen Dingen genauso fokussiert zu sein. Man muss sich dafür entscheiden. Auf was ziele ich? Was schaue ich mir an? Wenn ich mich auf Jesus konzentriere, dann bin ich auf ihn fokussiert. Viele Dinge wollen mich davon abbringen und meinen Blick von ihm weglenken.

Stell dir einmal Folgendes vor: In der Mitte ist Jesus; oben, unten, rechts, links und diagonal davon gibt es Probleme, Streit, Konflikte, negative Gedanken, Sorgen, negative Gefühle und noch vieles mehr. Und jetzt kommt der Knackpunkt: Worauf schaue ich? Schaue ich immer noch auf Jesus? Oder wende ich meinen Fokus ab? Das ist die entscheidende Frage.

Ich übe mich immer mehr darin, meinen Blick auf Jesus zu halten. Klar, wir müssen gewisse Dinge im Alltag konfrontieren. Sie sollen uns aber nicht gefangen nehmen und lähmen. Unser Umfeld kann uns ablenken. Die Stimmen um uns herum, Naturkatastrophen und Kriege sollten uns aber nicht davon abhalten, unseren Fokus auf Jesus zu lassen. Ganz im Gegenteil: Indem ich auf ihn schaue, beschütze ich meinen Glauben und bewahre den Frieden, den er mir gibt, in meinem Herzen. Er ist der Friedefürst.

Wenn ich um mich herumschaue, sehe ich mittlerweile nicht mehr viel Gutes. Ich kann weder die Welt verändern noch die Menschen. Ich kann nur mich verändern, indem ich meinen Fokus fest auf Jesus halte. Unsere Ausrichtung soll himmlisch sein. Jesus ist, nachdem er seinen Auftrag auf der Erde erfüllt hat, in den Himmel aufgefahren. Dort hat er einen herrlichen Ort für dich vorbereitet.

Du kennst Jesus noch nicht? Dann behalte trotzdem deine Ziele und Träume im Auge. Ich kann dich allerdings nur dazu einladen, Jesus in dein Leben zu lassen, da er die Macht hat, dir zu helfen. Seine Motivation ist pure Liebe. Er ist eine unbeschreiblich wunderbare Person. Es gibt nichts Schöneres, als ihn anzuschauen. Er ist der Sohn Gottes, der aus reiner Liebe an das Kreuz ging, damit wir versöhnt werden mit Gott, dem Vater. Am Ende des Buches findest du eine Hilfe, um ihn in dein Leben aufzunehmen.

Vertiefen und anwenden

Sei fokussiert!

Zielstrebigkeit: Wer Ziele hat, lebt länger. Zielstrebigkeit oder „Zielstrebigsein" ist das bewusste Streben auf einen Soll-Zustand hin. Wer zielstrebig ist, richtet sein Denken, Handeln, Fühlen über einen längeren Zeitraum – fokussiert – ganz auf sein Ziel aus.[1]

- Welche Ziele hast du?

- Lässt du dich leicht davon ablenken, deine Ziele zu erreichen? Wodurch? Begründe es.

[1] Aus: https://karrierebibel.de/zielstrebigkeit-ziele-erreichen/

Kapitel 21

Sammelt euch Schätze im Himmel

Hast du mal einen Hamster beobachtet, wie er sich Futter in seine Backen stopft? Er sammelt sich Vorrat an, indem er das Wort „Backentaschen" wörtlich nimmt und in diesen dann Futter für längere Zeit nach Hause trägt. Diese Vorratshaltung kann man auch bei anderen Tieren beobachten.

Laut der Bibel sollen auch wir uns Schätze sammeln, allerdings im Himmel. Alles, was wir hier auf der Erde für Gott tun, hat Ewigkeitswert. Eines Tages werden wir vom Herrn der Herren unseren Lohn dafür empfangen. Mich motiviert, dass ich meinen Lohn nicht von Menschen empfangen werde. Natürlich bekomme ich keine Depressionen, wenn man mir für einen Dienst dankt. Ich bin aber von dieser Dankbarkeit nicht mehr abhängig, das ist der Unterschied. Gott notiert sich alles. Ihm entgeht rein gar nichts. Wir dienen dem König der Könige. Was für ein Vorrecht!

> *Ihr sollt euch nicht Schätze sammeln auf Erden, wo Motten und Rost sie fressen und wo Diebe einbrechen und stehlen. Sammelt euch aber Schätze im Himmel, wo weder Motten noch Rost sie fressen und wo Diebe nicht einbrechen und stehlen* (Matthäus 6,19-20).

Damit ist gemeint, dass wir nicht unsere ganze Kraft und Zeit auf der Erde für materielle Güter einsetzen sollen. Alles Materielle ist dem Zerfall bzw. dem Verlust unterworfen. Nichts Materielles wird mit uns in den Himmel gehen. Wir dürfen nicht zulassen, dass das Streben nach materiellem Besitz oder Geld uns davon abhält, nach Gottes Schätzen zu streben, die viel mehr Wert haben als aller Reichtum der Welt. Diese Schätze verfallen niemals, da sie Ewigkeitswert haben. Deine Arbeit oder Karriere sollte nie über Gott gestellt werden. Zeit ist kostbar. Wo hinein investierst du deine Zeit? Viele Menschen horten viel Geld auf ihrem Sparkonto, ohne es im Sinne des Königreichs Gottes zu nutzen. Sie investieren viel Zeit in ihr Business, aber zu welchem Zweck? Alles Hab und Gut, das du dir hier aufbaust, kann dir im Nu genommen werden bzw. sich in Luft auflösen.

Was aber sind das für Schätze, die wir im Himmel sammeln sollen? Im Wort Gottes steht: *„Wo dein Schatz ist, da wird auch dein Herz sein"* (Matthäus 6,21). Schenke Jesus dein Herz! Trachte nach den himmlischen Dingen, den natürlichen und geistlichen Gaben, die Gott dir anvertraut, um Gutes zu tun. Stelle ihn an die erste Stelle in deinem Leben. Liebe die Menschen, hilf armen und notleidenden Menschen. Sei nicht egoistisch. Investiere und verbringe Zeit mit Gott. Das sind alles Schätze, die du sammeln kannst und die dein Herz reich machen.

Geh verantwortungsbewusst mit dem um, was Gott dir anvertraut hat. Behalte deinen Schatz im Himmel immer im Auge. Lass ihn dir von nichts und niemandem wegnehmen. Manchmal werden wir von Situationen oder Menschen so entmutigt, dass wir alles hinwerfen wollen. Als Ausrede weisen wir die Schuld dann von uns und geben sie Menschen oder Umständen. Ja, aber wie ist denn deine Reaktion darauf gewesen?

Die Frage ist nämlich: Wie gehen wir denn mit Niederlagen um? Konfrontieren wir sie souverän oder geben wir auf, in dem wir Frustration und Ärger das Feld in uns überlassen? Früher habe ich mich wegen jeder Kleinigkeit entmutigen lassen. Ich war schnell beleidigt und frustriert. Zu sehr habe ich auf andere geschaut, die reifer waren als ich. Hunderte Male (oder waren es Tausende über die Jahre hinweg?), wollte ich aufgeben und alles hinwerfen.

Bei einer Eheschließung heißt es „in guten wie in schlechten Zeiten". Als Christen haben wir auch immer wieder Zeiten, die sehr herausfordernd sein können. Deshalb ist es umso wichtiger, gerade in schlechten Zeiten den Fokus auf dem zu behalten, wozu Gott uns beauftragt hat, es zu tun, und dabei zu bleiben – ihm zu dienen und Schätze im Himmel zu sammeln. Die Bibel lehrt uns, nicht Halt zu machen, wenn gerade schwierige Zeiten herrschen. Sie lehrt uns, auf das Zukünftige, auf das Himmlische zu schauen.

Wenn es um mich herum schwierig wird, tröste ich mich selbst mit den Gedanken, dass diese Zeit hier auf der Erde begrenzt ist und sie quasi nichts ist im Vergleich zur Ewigkeit. Ich habe mich dazu entschlossen, meinem himmlischen Vater bis zum Schluss zu folgen – weil ich ihn von Herzen liebe. Er hat mir das Leben gegeben, und nun gebe ich ihm mein Leben zurück. Er darf damit machen, was auch immer er möchte. Ich gehöre ihm!

Wir **dürfen** ihm dienen, nicht aus Pflicht, sondern aus der Liebe heraus. Diese Liebe *zu ihm* und *von ihm* motiviert mich, meinen Blick auf das Himmlische zu behalten. Ich würde lügen, wenn ich sagte, dass es mir immer leichtfällt. Das tut es nicht! Ich möchte aber meiner Entscheidung treu bleiben, ihm treu zu sein, und zwar bis zum Ende aller Zeiten. Hierbei geht es nicht um Gefühle, da diese kommen und gehen und nicht beständig sind. Sie bilden kein Fundament, auf welches wir unseren Glauben und Gehorsam Gott gegenüber aufbauen könnten. Gefühle können keine Grundlage dafür sein, um etwas darauf aufzubauen.

Das ist wie in einer Ehe. Hat man immer gute Gefühle für den Partner? Ich denke nicht. Es gab Zeiten, in denen ich meinen Mann hätte auf den Mond schießen können. Und er mich stattdessen auf den Mars. Unsere Beziehung – sowohl die zu unserem Partner als auch die zum himmlischen Vater – sollte auf die *Agape* aufgebaut sein, die bedingungslose Liebe. Sie liebt, ohne jegliche Einwände oder Diskussionen, eben in guten genauso wie in schlechten Zeiten. Es geht in beiden Fällen um einen Bund, der auf einer Entscheidung beruht, nicht auf Gefühlen. Wenn wir Jesus als unseren Herrn und Retter annehmen, treten wir in seinen Bund mit dem Vater ein (und bekräftigen dies im Abendmahl: *„Dieser Kelch ist der neue Bund in meinem Blut, das für euch vergossen wird!"*; Lukas 22,20). Bünde sind ihm wichtig. Er wird auf uns warten, bis er uns zu sich ruft, und uns auf dem Weg dahin begleiten.

Vertiefen und anwenden

Sammelt euch Schätze im Himmel

Wenn du einen Schatz besitzt, so hast du etwas Kostbares erworben. Ein Schatz hat auch etwas mit Reichtum zu tun. Die Bibel sagt uns, dass wir keine irdischen Schätze sammeln sollen. Weshalb? Sie haben keinen Ewigkeitswert und werden vor Gott nicht bestehen. Materielle Güter werden wir nicht in die Ewigkeit mitnehmen.

- Hast du einen irdenen Schatz, der dich viel Zeit und Investitionen kostet?

- Welche Schätze sammelst du im Himmel?

- Gibt es etwas, das du noch für Gottes Reich tun könntest?

- Nenne ein paar Dinge, die du diesbezüglich gerne ändern würdest.

Kapitel 22

Hast du ein Vorbild?

In meiner Teenagerzeit war das Supermodel Cindy Crawford mein Vorbild. Sie war so hübsch. Mir gefiel ihre Ausstrahlung. Ich wollte auch so sein. Irgendwie neigen wir Menschen dazu, ich behaupte mal hauptsächlich wir Frauen, das haben zu wollen, was wir nicht haben, z. B. lockige Haare, wenn sie glatt sind, oder glatte Haare, wenn sie lockig sind; grüne Augen, wenn sie braun sind, und so weiter. Man ist selten mit etwas ganz zufrieden. Die Medien zeigen uns „perfekte" Frauen und Männer, wunderschön, souverän, mutig, einfach makellos. In Wahrheit sehen sie aber nicht so wunderschön aus, wie man uns glauben machen will. Da wird mit viel Schminke, Haarstyling und Lichteffekten gearbeitet. Du hast bestimmt schon einmal auf YouTube Vorher/Nachher-Schminkvideos gesehen. Ich bin manchmal erstaunt, ja, schon fast erschrocken, wie man sich mit guter Schminke verwandeln kann. Du erkennst den Menschen fast nicht mehr wieder.

So manch ein Vorbild haben wir vielleicht versucht nachzuahmen. Möglicherweise wolltest du so tanzen können wie Michael Jackson oder singen wie Christina Aguilera. Ich war ein Fan von Eros Ramazzotti. Doch alle diese Stars können noch so talentiert und bekannt sein – ohne Jesus im Herzen wird auch ihnen etwas fehlen. Leider bekommt man immer wieder mit, dass solche Persönlichkeiten den Drogen und dem Alkohol verfallen, weil sie zum Teil nicht mit dem Ruhm klarkommen und sich letztlich alleine und leer fühlen, wenn sie nicht auf der Bühne oder vor der Kamera stehen. Du kannst noch so reich und berühmt sein, dein Leben kann nur Gott erfüllen.

Jesus sagt, wir sollen von IHM lernen. Wir sollen ihn nachahmen. Er sollte unser größtes Vorbild überhaupt sein. Es ging nie darum, jemand anderes zu sein oder jemanden zu kopieren. Dann wärst du nicht du. Du bist von Gott gewollt und geliebt, so wie du bist. Du bist ein Original. Er möchte dich immer mehr in sein Bild verwandeln, wobei deine echte und dir von Gott gegeben Einzigartigkeit überhaupt erst zum Vorschein kommt, denn du bist eine wunderschöne Facette seines Seins. Und das ist wunderbar. Wir müssen uns nicht anstrengen, jemand zu sein, der wir nicht sind. Das kostet sehr viel Energie.

Ich wollte früher so sein wie eine Schwester aus unserer Gemeinde. Sie war immer so freundlich und hatte stets ein Lächeln im Gesicht. Sie ist heute noch so. Ich war eher das krasse Gegenteil. Aber ich hätte mich anstrengen können, wie ich wollte, ich bin nicht sie. Und das ist auch gut so. Ich habe gelernt, auf Jesus zu schauen. Mein Bestreben ist, ihm immer ähnlicher zu werden. Er ist einfach perfekt, was wir hier nie sein werden. Aber, wir sind auf dem Weg zur Vollkommenheit und dürfen immer neu dazulernen. Dazu gehören auch die Herausforderungen in unserem Alltag. Sie sollen uns dazu dienen, stark in ihm zu werden.

Stürme kommen in der Natur immer wieder vor. So wie sie kommen, gehen sie auch wieder. Die Sonne kommt danach wieder zum Vorschein und wärmt mit ihren Strahlen.

Einmal fuhren die Jünger mit Jesus über den See Genezareth, als sich ein Sturm erhob. Jesus schlief trotz der tobenden Elemente hinten im Boot, doch die Jünger bekamen furchtbare Angst. Der Sturm musste schon heftig gewesen sein, wenn erfahrene Fischer in Panik gerieten.

> *Da traten sie hinzu, weckten ihn auf und sprachen: Meister, Meister, wir kommen um! Er aber stand auf und befahl dem Wind und den Wasserwogen; und sie legten sich, und es wurde still.*
> *Da sprach er zu ihnen: Wo ist euer Glaube? Sie aber fürchteten und verwunderten sich und sprachen zueinander: Wer ist denn dieser, dass er auch den Winden und dem Wasser befiehlt und sie ihm gehorsam sind?* (Lukas 8,24-25 SLT).

Er lehrte sie und machte sie dadurch stark für ihren Dienst. Er konfrontierte seine Jünger immer wieder mit den Schwächen ihres alten Ichs. Ohne Konfrontation kein Sieg. Das war die Art, wie Jesus seine Jünger lehrte und erzog. Sein Motiv war dabei immer seine Liebe und seine Barmherzigkeit. Er weiß, dass wir diese für unser geistliches Wachstum und zur Charakterformung benötigen.

Vertiefen und anwenden

Hast du ein Vorbild?

Vielleicht hast du ein Vorbild, das du persönlich kennst. Die meisten Vorbilder kennt man nicht, weil es Berühmtheiten sind, an die man gar nicht herankommt. Und doch können sie einen inspirieren. Du versuchst, sie nachzuahmen.

- Hast bzw. hattest du ein Vorbild? Weshalb gerade diesen Mensch?

- Hast du den Wunsch, Jesus immer ähnlicher zu werden? Nenne einzelne Schritte, wie du das erreichen kannst.

TEIL III

Finde deine Bestimmung

Kapitel 23

Hat Gott wirklich gesagt ...?

Und die Schlange war listiger als alle Tiere auf dem Felde, die Gott der HERR gemacht hatte, und sprach zu der Frau: Ja, sollte Gott gesagt haben: Ihr sollt nicht essen von allen Bäumen im Garten? (1. Mose 3,1).

Eine Strategie des Teufels war von Anfang an, Zweifel zu säen in Bezug auf das, was Gott gesprochen hatte. Zweifel beschreiben einen Zustand der Unentschiedenheit, man ist „zwiegespalten". Wenn wir zweifeln, sind wir unentschlossen und unsicher. Das raubt uns die Antriebskraft, entschlossen weiterzugehen. Vor allem nach einer Zeit, in der wir nicht in den Verheißungen Gottes unterwegs waren, können sich leicht Gedanken des Zweifels einschleichen und in uns breit machen: „Hat Gott wirklich gesagt, dass du frei wirst? Hat er dir denn wirklich gesagt, dass er dir Gaben und Talente gegeben hast? Bist du wirklich sein geliebtes Kind? Bist du wirklich fähig, etwas zu Ende zu bringen? Wirst du deine Ausbildung oder dein Studium schaffen? Kann er einen guten Plan für dich haben? Sicher hast du dich in allem geirrt! Das gilt bestimmt für andere, nicht aber für dich!" Und, und, und ...

Der Teufel ist derart skrupellos, dass er es sogar bei Jesus versuchte (siehe Matthäus 4,1-10). In Vers 3 (ELB) steht: *„Und der Versucher trat zu ihm hin und sprach: Wenn du Gottes Sohn bist, so sprich, dass diese Steine Brote werden!"* Quasi: „Du bist doch Gottes Sohn. Los, sorge für dich selbst!" Er hatte auf eine Gelegenheit gewartet, um Jesus zu versuchen. Jesus hatte nach 40 Tagen und 40 Nächten Fasten in der Wüste Hunger und war auch körperlich geschwächt. Der Versucher, der Teufel, hat die Absicht, die Kinder Gottes so stark zur Sünde zu verführen, dass sie fallen und womöglich in der Sünde bleiben. Das wäre sein Sieg. Er hasst jeden

Menschen, weil wir nach Gottes Ebenbild geschaffen sind und durch Jesus die Macht gegen die Sünde und den ewigen Tod erhalten haben.

Die 40 Tage in der Wüste waren mit Sicherheit auch für Jesus eine Herausforderung. Wie hat er auf die Versuchungen reagiert? Hat er vielleicht seine Engel gerufen, um zu sagen, dass sie den Teufel wegbringen sollen? Oder hat er womöglich gesagt: „Der Blitz soll dich treffen!", um ihm Angst einzujagen? Nein, nichts davon. Er begegnete ihm mit dem Wort Gottes: „Es steht geschrieben ...!" Daran gibt es nichts zu rütteln. Gott lügt nicht. Alles was in seinem heiligen Wort steht, ist die Wahrheit.

Das Wort ist unser Schwert, unsere Verteidigung. Deshalb ist es so wichtig, die Bibel zu lesen. Mit dem Wort gab Jesus dem Teufel Kontra. Wir können und sollen das ebenfalls tun. Mit einem Schwert kann man schlagen oder zustechen. Wir treten mit dem Wort gegen den Teufel an. Dagegen kann er nichts ausrichten. „Denn es steht geschrieben ..." Der Teufel kennt das Wort ebenfalls. Er verdreht es aber und pervertiert es, wo er nur kann. Damit sät er Zweifel. Das ist eine seiner Stärken. Er geht gegen alles an, was Gott wichtig ist: Werte, Liebe, Freiheit, Jüngerschaft, Ehe, Familie ... – einfach alles.

> ... *und nehmt den Helm des Heils und das Schwert des Geistes, welches ist das Wort Gottes* (Epheser 6,17).

Nachdem Jesus ihm dreimal widerstanden hatte, verließ der Teufel ihn. Ja, er kann mit Zweifel oder Täuschungen kommen; wenn wir aber das Schwert aufrichten und ihn durch das Wort Gottes angreifen, muss er fliehen. Eventuell macht er es nicht sofort. Es ist ein geistlicher Kampf, den wir durchstehen müssen. Am Ende wissen wir aber, dass wir mit Jesus auf der Siegerseite stehen. Der Teufel ist listig, daher greift er uns gerne an unseren Schwachstellen an oder an Tagen, an denen es uns nicht so gut geht. Er wird dich weniger in den Bereichen angreifen, in denen du stark bist, sondern eher dort, wo du schwach und unsicher bist. Aber sei getrost, Jesus kennt uns ganz genau. Er hilft uns auch hier hindurch.

Dazu gibt es eine schöne Geschichte über Thomas, einen der zwölf Jünger Jesu. Er gehörte nicht nur zu der großen Volksmenge oder zu den 70 Jüngern, sondern er gehörte in den innersten Kreis der Nachfolger Jesu. Das heißt, er war dreieinhalb Jahre in engster Gemeinschaft mit Jesus unterwegs gewesen. Er hatte mit ihm zusammen gegessen und getrunken, war dabei, als Jesus Kranke heilte, vor vielen Menschen lehrte und viele Zeichen und Wunder vollbrachte. Und doch zweifelte er an der Auferstehung Jesu, als ihm die anderen Jünger davon erzählten.

Als sich Jesus nach seiner Auferstehung das erste Mal seinen Jüngern gezeigt hatte, war Thomas nicht dabei gewesen. Die anderen Jünger erzählten ihm aber, dass Jesus sie besucht habe. Thomas entgegnete ihnen, dass er es nicht glaube, ehe er nicht seinen Finger in die Nägelmale und seine Hand in die Wunde an seiner Seite gelegt habe (vgl. Johannes 20,24 ff.). Was war passiert?

Thomas zweifelte. Sein Glaube war wohl etwas angekratzt. Er erinnerte sich nicht daran, dass Jesus bereits vor der Kreuzigung von seiner Auferstehung gesprochen hatte und konnte sich das auch nicht vorstellen.

Als Jesus acht Tage später wieder zu seinen Jüngern kam, war Thomas anwesend. Jesus zeigte ihm seine Hände und seine Seite, sodass Thomas die Wunden berühren konnte. Er ermutigte ihn, nicht mehr ungläubig zu sein, sondern zu glauben. Hier sehen wir wieder die Liebe Jesu. Er klagte Thomas nicht an. Zweifelst du manchmal an Gott? Dann fühle dich dafür nicht schuldig. Teile ihm deine Zweifel mit. Bitte ihn, dir dabei zu helfen, die Zweifel aus dem Weg zu räumen. Er wird es tun!

Zweifel werfen nicht nur viele Fragen auf, sondern sie machen einen Menschen auch unsicher. Sie machen es einem oft schwer, bestimmte Entscheidungen zu treffen. Ob es z. B. etwas mit der Arbeit zu tun hat oder mit Verheißungen, die Gott gegeben hat, spielt dabei kaum eine Rolle. Zweifel haben – wenn du nicht gegen sie angehst – die Kraft, dich daran zu hindern, Entscheidungen zu treffen, die dich nach vorne bringen können. Sie können dich daran hindern, in die Verheißungen Gottes einzutreten. Zweifel sprechen in deinen Gedanken oder sogar hörbar durch andere Menschen: „Hat denn Gott wirklich gesprochen? Bist du dir dessen sicher?"

Wenn Verheißungen längere Zeit auf sich warten lassen, kann das auch dazu führen, dass wir Gott „unter die Arme greifen" und die Sache selbst in die Hand nehmen wollen – sozusagen etwas nachhelfen, damit die Verheißung wirklich zustande kommt. Zweifel sind ein Zustand der Unentschiedenheit, woraus Unsicherheit entsteht und infolgedessen Angst: „Was, wenn es nicht eintrifft, wenn nichts passiert?"

Sarai, die Frau Abrams, dachte, sie müsse Gott nachhelfen, und hat es selbst in die Hand genommen, für den verheißenen Nachkommen zu sorgen. Da sie selbst anscheinend keine Kinder bekommen konnte und Gottes Verheißung für einen Sohn offenbar ausblieb, gab Sarai ihrem

Mann ihre ägyptische Magd Hagar, damit er mit ihr einen Nachkommen zeugen sollte.

Tatsächlich wurde Hagar auch schwanger, doch war dies ja nicht das Kind der Verheißung. Dadurch haben Abram und Sarai die Türen für etliche Probleme und Konsequenzen geöffnet, auf die ich hier nicht näher eingehen werde. Der Gnade Gottes war es zu verdanken, dass die beiden letztendlich, trotz ihres hohen Alters, doch noch ihren eigenen gemeinsamen Sohn bekommen haben. Denn wenn Gott spricht, dann ist es so.

Er bestraft uns nicht, wenn wir Zweifel haben, denn er ist trotzdem treu und gerecht. Die Folgen unseres Zweifelns bekommen wir aber eventuell zu spüren. Der Weg des Wartens kann manchmal lang und erschwerend sein. Sei dennoch gewiss, dass Gott weiß, **was** er tut und **wann** er es tut. Sarai dachte, dass Gott sein Versprechen nicht halte und hat selbst nachgeholfen. Du musst wissen, dass Gott großartige Dinge mit dir vorhat – und zwar wenn die Zeit, die er dafür vorgesehen hat, reif ist. Er hat einen perfekten Zeitplan, den er verwirklichen wird. Warte auf ihn! Lege deine Zweifel beiseite. Lass dir vom Teufel oder von Menschen nichts einreden. Der Teufel ist ein Lügner und ein Meister im Zweifel-Säen. Strafe ihn mit Nichtachtung!

Tut alles ohne Murren und ohne Zweifel (Philipper 2,14).

Vertiefen und anwenden

Hat Gott wirklich gesagt?

Zweifel zu haben, ist nicht schön. Zweifel können dich daran hindern, vorwärtszugehen. Sie verunsichern dich. Man ist sich plötzlich nicht mehr sicher, ob man die richtige Entscheidung getroffen hat. Das kann dazu beitragen, dass man sich zurückhält.

- Wie gehst du mit Zweifeln um? Welche Auswirkungen haben sie auf dich?

- Wie kannst du sie überwinden?

- Hast du daran gedacht, dass es Zweifel gibt, die einfach nur unberechtigt sind? Welche könnten das in deinem Leben sein?

- Wie hat Jesus auf die Versuchungen des Teufels reagiert? Was lernst du daraus?

Kapitel 24

Fast entführt – Die unbeantworteten Fragen im Leben

Es geschah an einem Abend. Meine Pflegeeltern waren auf einem Elternabend. Ich war mit meiner drei Jahre älteren Pflegeschwester und meinem fünf Jahre älteren Pflegebruder alleine zu Hause. Meine Pflegeschwester und ich sahen im Wohnzimmer fern. Mein Pflegebruder war oben in seinem Zimmer und bekam von allem nichts mit.

Es klingelte an der Haustür. Wir waren so erzogen worden, nicht aufzumachen. Links von der Haustür ging es zu den Schlafzimmern hoch, und dort war ein Fenster. Meine Pflegeschwester Leila[1] öffnete dieses. Vor ihr stand ein großer Mann, komplett in schwarz gekleidet. Er trug einen Hut. Er fragte Leila, ob sie eine jüngere Schwester habe. Sie bejahte und rief mich hinzu. Nun stand ich am Fenster. Leila befand sich unmittelbar hinter mir.

Dieser Mann fragte mich nach meinem Namen und meinem Alter. Bevor ich noch abschließend antworten konnte, packte er mich an der Latzhose, mit dem Ziel, mich aus dem Fenster zu ziehen. Zur Hälfte war ich bereits draußen, doch Leila bekam auf wundersame Weise die Kraft, mich wieder hineinzuziehen. Erschrocken schlossen wir sofort das Fenster.

Der Mann lief dann noch zum Briefkasten, um hineinzuschauen. Dann rannte er weg. Ich habe die Szene noch genau vor Augen. Nie werde ich diese Begebenheit vergessen!

Als später meine Pflegeeltern zurückkamen, erzählten wir ihnen alles. Daraufhin riefen sie die Polizei an, die noch am selben Abend kam, und

[1] Name geändert.

erstatteten Anzeige. Wir mussten uns Kataloge mit Fotos von gesuchten Tätern anschauen. Leider konnten wir den Mann darauf nicht erkennen, denn es war zu dunkel gewesen, um ihn genau zu sehen, und er hatte sich gut vermummt.

Manchmal stelle ich mir die Frage, was gewesen wäre, wenn mich Leila nicht ins Haus zurückgezogen hätte? Was wollte dieser Mann von mir? Was wollte er mit mir machen? Was hatte er vor? Wer war er? Ich war doch noch ein Kind ...

Wir haben alle unsere Lebensfragen. Wer möchte ich sein? Wer bin ich tatsächlich? Was würde ich anders machen? Was möchte ich im Leben erreichen? Fragen, die du eventuell selbst beantworten kannst. Aber es gibt auch Fragen in unserem Leben, auf die wir keine Antwort haben und vielleicht auch nie eine bekommen werden.

Mein Mann und ich sind zum Beispiel kinderlos. Nach ein paar Ehejahren haben wir durch den Urologen die harte Wahrheit erfahren, dass mein Mann aufgrund seiner schweren Krankheit zeugungsunfähig ist. Das war ein Schock für uns. Ich habe eine lange Zeit darunter gelitten. „Wieso zeugungsunfähig? Gott hat meinen Mann doch auf wunderbare Weise geheilt? Wie passt das zusammen?" Tja, das ist eine der Fragen, auf die ich keine Antwort habe.

Eines weiß ich mit absoluter Gewissheit: Gott macht keine Fehler, er macht nichts falsch! Es mag sich nun vielleicht blöd anhören, aber das gibt mir wieder Frieden. Ich kann doch sowieso nichts daran ändern, oder? Hätte ich ein Kind adoptieren können? Ja, bestimmt. Aber ich war nicht dazu bereit, für ein adoptiertes Kind alles aufzugeben. Ich hatte auch Angst davor, weil ich in einer Pflegefamilie groß geworden bin. Eine Adoption hätte ich mir nach einem eigenen Kind vorstellen können. Eine Arbeitskollegin machte mir sogar den Vorschlag, ein Kind mit meinem Schwager zu bekommen, so würde es wenigstens in der Familie bleiben ... Du siehst, es gibt die skurrilsten Geschichten. Es gibt sozusagen nichts, was es nicht gibt.

Die gute Nachricht ist, dass das Leben weitergeht, und zwar indem man die Vergangenheit wirklich Vergangenheit sein lässt. Ja, ich habe vieles erlebt und durchgemacht. Ich kann in diesem Buch gar nicht über alles schreiben, sonst wäre es mindestens doppelt so dick. Es geht auch gar nicht um mich, sondern um IHN. Ohne ihn wäre ich vielleicht gar nicht mehr am Leben. Und wenn doch, dann bestimmt zweimal geschieden und hoch depressiv.

Ich möchte dir durch meine Geschichten Mut geben. Es gibt immer eine Lösung und einen Ausweg. Probleme sind dafür da, um sie zu lösen. Du musst sie nicht behalten. Bei allem kann man vielleicht auch etwas Gutes finden; es kommt ganz auf die Sichtweise an. Alles hat Vor- und Nachteile; konzentriere dich auf die Vorteile. Durch unsere Kinderlosigkeit konnten wir einige Bibelschulen besuchen und uns sehr in das Reich Gottes investieren. Gott hat uns viele geistliche Kinder geschenkt.

Vertiefen und anwenden

Fast entführt – Die unbeantworteten Fragen im Leben

Im Leben stoßen wir immer wieder auf Fragen. Weshalb, wozu, wer, was, wie …? Sie gehören zu unserem Alltag. Am liebsten wollen wir zu jeder Frage auch eine Antwort haben. Vor allem Lebensfragen sind sehr individuell und persönlich. Du hast andere Fragen als ich und vielleicht auch welche, auf die du keine Antwort hast. Die Frage ist, wie man damit umgeht.

- Gibt es belastende Fragen, auf die du keine Antwort hast? Schreibe sie dir hier vom Herzen.

- Was macht das mit dir? Wie gehst du damit um?

Kapitel 25

Das Wartezimmer Gottes

Wir alle kennen es: das Wartezimmer, hauptsächlich das beim Arzt. Keiner mag es so richtig, zu warten. Es erfordert Geduld. Vor allem dann, wenn es länger dauert als erwartet. Herausgefordert werden wir, wenn jemand vor uns aufgerufen wird, der nach uns kam. Zweimal hatte man mich sogar komplett vergessen. Nachdem man mehrere Leute aufgerufen hatte, die nach mir gekommen waren, fragte ich dann mal nach. Die Antwort war: „Tut uns leid, wir haben Sie ganz vergessen! Sie sind gleich als Nächste dran."

Bei Gott gibt es ebenfalls ein „Wartezimmer" – mit dem Unterschied, dass er dich nicht vergisst. Es mag uns vielleicht nicht immer gefallen, aber du musst wissen, dass Gottes Wartezimmer zur Vorbereitung dient. Beim Arzt müssen wir uns auch gedulden, bis unser Name aufgerufen wird. Da können wir nicht fragen, ob wir vorgelassen werden, wie manchmal beim Einkaufen. Oftmals verstehen wir nicht, weshalb wir auf bestimmte Dinge warten müssen. Wir können aber darauf vertrauen, dass, wenn wir Gott unser Leben anvertraut haben, er uns begleiten wird. Er weiß, was wir benötigen.

Gott ist ein Vater, der seine Kinder liebt und das Beste für sie möchte. Aus diesem Grund erzieht er uns auch. Das werden wir nicht immer mögen. Du kannst gewiss sein, dass es für dein Wachstum wichtig und notwendig ist. Geduld ist eine Frucht des Geistes. Wie lernt man denn Geduld? So wie das Laufen, man lernt es nur durch Laufen. Und Geduld lernt man durch Ausharren und Vertrauen.

Vor einigen Jahren zeigte mir Gott einmal eine Vision. Zur Vorgeschichte: Vor vielen Jahren war ein Bruder aus unserer Gemeinde mit seiner Frau im Lobpreisteam gewesen, dann aber aus bestimmten Gründen ausgestiegen. Ein paar weitere Jahren war er in einen anderen Dienst bei uns involviert. Dann ging er für einige Zeit in eine andere Gemeinde und kam schließlich wieder zurück. Sein Traum und Herzenswunsch war es, wieder im Lobpreisteam zu dienen.

In einer Vision sah ich ihn in einem leeren, kahlen Raum auf einem Stuhl sitzen. Er saß gebeugt, mit den Ellenbogen auf seinen Knien, auf dem Stuhl und wartete. Es war das Wartezimmer Gottes. Gott wollte, dass er sich Gedanken bezüglich seines Platzes in der Gemeinde machte. Er sollte in der Zeit lernen, was es ihm gebracht hatte, die Gemeinde zu wechseln und wieder zurückzukommen. Integration bzw. Eingliederung ist sehr wichtig, egal, ob es in der Gemeinde/Kirche oder im Alltag ist. Ich habe ihm von der Vision erzählt, um ihn zu ermutigen zu warten, weil Gott mit ihm etwas vorhabe. Einige Zeit später tat er wieder einen praktischen Dienst. In seinem Herz war aber nach wie vor der Wunsch, Gott im Lobpreisteam zu dienen. Er musste sich jedoch dafür erst bewähren und seine Loyalität beweisen. Nach einiger Zeit wurde er wieder in das Lobpreisteam aufgenommen.

Weshalb erwähne ich diese Geschichte? Weil wir manchmal selber einen Weg verlassen. Die Gründe können verschieden sein. Gerade heute Morgen habe ich die Geschichte von Josef gelesen. Er wurde von seinen Brüdern als Sklave an ismaelitische Händler verkauft, weil seine Brüder eifersüchtig auf ihn waren. Er war der Lieblingssohn seines Vaters Jakob. Josef hatte einen Traum gehabt, wie groß und bedeutend er einmal sein würde. Seine Brüder würden sich vor ihm verneigen. Dummerweise erzählte er ihnen diesen Traum. Dass sie hierüber nicht begeistert waren, kann man sich vorstellen.

Die Händler verkauften Josef in Ägypten an Potifar, einen hohen Bediensteten des Pharaos. Gott half Josef und ließ ihm alles gelingen. Das bemerkte Potifar. Deshalb fand Josef seine Gunst und wurde sein persönlicher Diener. Er übertrug ihm die Aufsicht über sein Haus und die Verwaltung seines gesamten Besitzes. Doch Josef war jung und gut aussehend. Potifars Frau fing an, ihn zu begehren. Aber Josef weigerte sich, sich mit ihr einzulassen, weil er integer war und nicht vor Gott sündigen wollte. Diese Ablehnung missfiel ihr, und um sich zu rächen, täuschte sie eine versuchte Vergewaltigung vor. Außer sich vor Wut ließ Potifar Josef in das Gefängnis werfen, in dem die Gefangenen des Königs eingesperrt waren.

Allerdings war Gott auch dort mit Josef. Er gewann die Gunst des Gefängnisverwalters. Josef bekam die komplette Aufsicht der Haftanstalt übertragen. Im Gefängnis wurde er von Gott in die Lage versetzt, die Träume anderer Leute deuten zu können, unter anderen den eines Mundschenks, der später wieder vom Pharao in seinen Dienst zurückgerufen wurde. Nach weiteren zwei Jahren hatte der Pharao zwei Träume, durch die er sehr beunruhigt war. Kein Wahrsager und Gelehrter konnte sie deuten. Da erinnerte sich der Mundschenk an Josef. Der Pharao ließ ihn sofort herbeirufen. Er erzählte ihm den Traum und Josef gab ihm mit Gottes Hilfe die Bedeutung und auch einen Rat dazu. Josefs Vorschlag gefiel dem Pharao und seinen Beratern. Letztendlich wurde Josef zum Stellvertreter des Pharaos ernannt. Nur der Pharao selbst stand im Rang über ihm.

Nach sieben Jahren reicher Ernte begannen sieben Hungerjahre, so wie Josef es vorausgesagt hatte. Auch in den angrenzenden Ländern herrschte Hungersnot. Aber in Ägypten waren die Vorratshäuser voll, weil Gott Josef die Deutung der Träume gegeben hatte mit dem Rat, in den sieben guten Jahren den fünften Teil der Ernte als Steuern einzuziehen. Das war ihre Rettung.

Das Ende dieser Geschichte ist, dass Josefs Brüder nach Ägypten reisten, um Getreide zu kaufen. Sie mussten hierfür zu Josef gehen, da er über ganz Ägypten herrschte, und jeder, der Getreide kaufen wollte, zu ihm kommen musste. So kamen auch seine Brüder. Sie verneigten sich tief vor ihm. Und hier erfüllte sich der Traum, den Josef viele, viele Jahre zuvor gehabt und seinen Brüdern erzählt hatte. Er war genauso eingetroffen. Die ganze Geschichte steht in 1. Mose 37–45.

Josef war Gott bis zum Schluss treu. Nie hat er seinen Glauben verlassen. Er wurde gehasst, abgelehnt, verkauft, belogen sowie zu Unrecht angeklagt und eingesperrt. Trotzdem blieb er integer und harrte aus. Josef wurde auf seine Lebensaufgabe vorbereitet. Er bewahrte in all den Jahren eine positive Haltung in schweren Situationen. Er ließ sich nicht entmutigen. Die Gnade Gottes war auf ihm, denn Gott sieht in das Herz hinein.

Gott hat auch mit dir einen Plan, und zwar einen sehr guten. Lass dich von nichts und niemandem entmutigen! Wie Gott mit Josef war, wird er auch mit dir sein. Harre aus, wenn du dich im Wartezimmer befindest. Hat Gott zu dir geredet? Dann ist es ein Ja und ein Amen. Er nimmt seine Versprechen nicht zurück. Hast du Träume und Wünsche? Schau nicht auf dich oder auf eine aussichtslose Situation. Josef blieb positiv und hilfsbereit. Obwohl er als Sklave abgestempelt wurde, nahm er nicht das Denk- und Verhaltensmuster eines Sklaven und eines Abgelehnten an. Obwohl seine Ausgangsposition nicht die Beste war, vertraute er auf Gott.

Halte deine Träume, Visionen, Wünsche und Ziele fest. Lass sie dir nicht wegnehmen, lass sie aber auch selber nicht los! Du hast eine Lebensaufgabe zu erfüllen, die nur du erfüllen kannst; denn du bist einmalig und einzigartig und von Gott megamäßig geliebt. Seine Liebe hält dich!

Vertiefen und anwenden

Das Wartezimmer Gottes

Wer wartet schon gerne? Warten hat etwas mit Geduld zu tun. Und Geduld lernt man eben durch Geduld. Wie kann man wissen, ob man geduldig ist, wenn man nie auf etwas warten muss? Geduld zu üben, ist die Fähigkeit, in Herausforderungen oder Verzögerungen gelassen zu bleiben. Du verlierst nicht die Fassung und behältst trotz allem dein Ziel vor Augen.

- Befindest du dich gerade in einem Wartezimmer? Wie geht es dir dabei?

- Glaubst du, dass Gott gute Pläne mit dir hat und er dich ans Ziel führen wird? Erkennst du im Warten, dass es einen Grund gibt? Schreibe es auf.

- Gibst du eher auf oder bleibst du während des Wartens dran? Beschreibe deine Gedanken und Emotionen dazu.

Kapitel 26

„Andere können es aber besser"

Ach ja, wirklich? Wer hat das gesagt? Deine Mutter, dein Vater oder vielleicht du selbst? Du bist jedoch nicht jemand anders, sondern du bist du. Und das ist auch gut so. Würde Gott wollen, dass es jemand anders machen soll, würde er es auch jemand anderem sagen. Es wird immer jemand geben, der besser sprechen, singen, lehren, tanzen – oder was auch immer – kann. Na und? Das ist doch kein Problem! Gott hat auch dich befähigt und begabt. Was machen wir mit den uns anvertrauten Talenten? Lehnen wir sie aus Angst ab und verstecken sie? Oder weihen wir sie Gott?

In einem Gleichnis spricht Jesus von den „anvertrauten Zentnern" (vgl. Matthäus 25,14 ff.). Der eine Knecht erhält fünf Zentner Silber, ein weiterer zwei und der dritte einen, je nach deren Tüchtigkeit. Zwei davon haben etwas damit angefangen und sie entsprechend eingesetzt. Der dritte aber hat seinen einzigen Zentner Silber begraben – aus Furcht. Es ist ganz egal, wie viele Fähigkeiten und Gaben du hast, denn letztendlich ist es wichtig, dass du sie einsetzt. Begrabe sie nicht, weil du dich weniger fähig oder geeignet als jemand anderes fühlst. Gott teilt aus. Er ist der Geber von guten Gaben und er weiß auch, wem er sie gibt und weshalb. Im Reich Gottes gibt es keine Konkurrenz. Ein jeder hat etwas von Gott erhalten. Und zwar nicht, um es für sich zu behalten, sondern um es weiterzugeben und um Gott damit zu ehren.

Jeder Dienst in der Gemeinde ist wichtig, ob es der Dienst an den Kindern ist, die Mitarbeit im Technikteam, der Ordner- oder der Predigtdienst oder der Dienst im Lobpreis; es spielt überhaupt keine Rolle. Wichtig ist, dass du an dem Platz bist, den Gott für dich bestimmt hat. Unsere Motivation sollte nie die sein, von anderen gesehen zu werden oder Anerkennung zu bekommen. Wenn man nicht mit der richtigen

Herzenshaltung dient, besteht die Gefahr, verbittert zu werden. Ein Bibelvers ist mir im Laufe der Jahre sehr wichtig geworden:

> ***Alles,*** *was ihr tut, das tut von Herzen als dem Herrn und* ***nicht*** *den Menschen …* (Kolosser 3,23).

Hier steht das Wort „alles". Alles heißt alles, nicht einen Teil, sondern wir sollen alles von Herzen tun. Und zwar für Gott und nicht für die Menschen. Dafür muss unser Herz komplett frei vom Ballast der Vergangenheit sein, frei von Ablehnung und Minderwertigkeit. Denn dann stimmt auch dein Motiv, aus dem heraus du Gott dienst. Du dienst ihm aus Liebe von ganzem Herzen.

Diesen Vers zu verinnerlichen, half mir sehr. Letztendlich werden wir auch unseren Lohn von Gott erhalten und nicht von Menschen. Wenn wir Dank und Lob von Menschen für unseren Dienst suchen, können wir schnell entmutigt und enttäuscht werden. Wir verlieren die Freude am Dienen. Es können sich negative Gedanken breit machen, dass du nicht gut genug für den Dienst seist, oder wie: „Keiner sieht mich. Der andere wurde gelobt, und das noch vor mir. Ich wurde nicht gelobt."

Deshalb ist es so wichtig, sich komplett von Gott, unserem Vater im Himmel, abhängig zu machen. Er sieht dich und hat Freude an deinem Gehorsam ihm gegenüber. Er freut sich, wenn du über deinen eigenen Schatten springst und ihm vertraust. Bei Gott gibt es kein Ansehen der Person. Wir sind vor ihm alle gleich anerkannt und geliebt, und zwar unabhängig davon, ob wir etwas tun und was wir tun. Er hat keine Lieblingskinder oder Lieblingsmenschen. Er stellt keinen Vergleich zwischen dir und einer anderen Person her. Er macht keine Unterschiede in der Wertigkeit.

Deine Gedanken, dass andere es besser machen als du, können auch aus deiner Familie kommen. Vielleicht wurde dein Bruder oder deine Schwester mehr hervorgehoben und gelobt. Oder sie sind bzw. waren besser in der Schule als du. Auch in der Schule oder während deiner Ausbildung können solche Gedanken in dein Herz gefallen sein. Sie können dich daran hindern, in deine Berufung hineinzukommen. Angst zu haben und sich mit anderen zu vergleichen, kann dich in deiner beruflichen Entwicklung bremsen. Finde die Wurzel, den Ursprung dieses Problems, heraus und bringe sie vor Gott.

Interessant ist, dass es eine Bevorzugung von Kindern bereits von Anfang an gab. Das lesen wir in der Bibel. Rebekka war mit Zwillingen schwanger. Sie gebar zwei Söhne. Der Erste, der herauskam, war rothaarig. Sie nannte ihn Esau. Danach kam sein Bruder Jakob. Sie waren charakterlich total verschieden. Esau wurde ein Jäger und Jakob war ein eher ruhiger Mann, der bei den Zelten blieb. Isaak, deren Vater, hatte Esau lieb, weil ihm das Wildbret schmeckte. Rebekka aber hatte Jakob lieb (zu lesen in 1. Mose 25,25 ff.). Übrigens war Rebekka unfruchtbar gewesen, aber Gott hatte ihr Gebet erhört und ihr Kinder geschenkt, gleich als Doppelpack.

Auch Jakob bevorzugte später wieder einen seiner Söhne. Er hatte Josef lieber als alle anderen, weil er ihm erst in hohem Alter geboren worden war, so die Begründung. Nun, wir wissen bereits, was passiert ist. Seine Brüder verkauften ihn als Sklaven.

Ganz abgesehen von den Motiven ist es nicht gut, ein Kind gegenüber dem anderen zu bevorzugen. Und wenn dir das widerfahren ist, tut es mir leid. Ja, wir sind alle verschieden. Aber genauso hat Gott es ja gewollt, dass wir eben nicht alle gleich sind. Jeder von uns ist ein Unikat, einzigartig und wertvoll. Da, wo wir schlecht geprägt worden sind, hilft Gott uns auf.

Stell dir einmal vor, wir wären alle gleich. Das wäre ja langweilig. Manchmal möchten wir wirklich jemand anderes sein (studiert, intelligenter, bekannt ...), sind aber nicht bereit, den Preis dafür zu bezahlen. Man beneidet einen Menschen, ohne zu wissen, was es ihn gekostet hat, dort zu sein, wo er ist. Mich freut es, dass es bei Gott kein Ansehen der Person gibt. Hier ein paar ermutigende Beispiele von Menschen, die nicht weiter auf sich geschaut haben:

- Wäre Mose dabei geblieben, er könne nicht nach Ägypten gehen, um mit dem Pharao zu reden, weil er „eine schwere Sprache und eine schwere Zunge" habe (vermutlich hat er gestottert, vgl. 2. Mose 4,10), dann wäre er nicht vor den Pharao getreten, um das Volk Israel aus Ägypten herauszuführen. Konnten andere besser reden als er? Ja. Und doch hat das Mose – trotz anfänglicher Bedenken – letztendlich nicht daran gehindert, seinen Auftrag zu erfüllen.
- Esther, ein armes jüdisches Waisenmädchen, hat nicht auf ihre Herkunft geschaut. Sie wurde die Ehefrau von König Ahasveros und damit zur Königin. Als er auf einen schlechten und missgünstigen Ratgeber hörte und die Juden vernichten wollte, deckte Esther durch ihren Mut die Intrige vor dem König auf und bewahrte damit das jüdische Volk vor dem Tod. Dazu musste sie ohne Einladung vor den Kö-

nig treten, was selbst einer Königin nicht erlaubt war. Das hätte für Esther mit dem Tod enden können.

- Hätte David, ein Hirtenjunge, auf seine älteren und stärkeren Brüder geschaut, hätte er den Riesen Goliath nicht besiegt.
- Maria Magdalena wurde zu einer Nachfolgerin Jesu. Sie hat ihre sündhafte Vergangenheit losgelassen und sich nicht mit anderen verglichen.
- Ich selbst habe aufgehört, mich mit anderen zu vergleichen und tue das, wozu Gott mich ruft.

Ja, mag sein, dass es andere besser machen als du. Aber das ist deine subjektive Einschätzung. Gott denkt nicht so. Deshalb schüttele alles von dir ab, was dir nicht guttut, und gehe weiter. Er hat dich dafür ausgewählt. Er möchte dich für den Job haben. Du schaffst das!

Vertiefen und anwenden

Andere können es aber besser

Jeder Mensch hat bestimmte Fähigkeiten, Gaben und Charaktereigenschaften. Genau das macht uns zu Individuen – einzigartig. Das, was du hast, hat der andere nicht, und umgekehrt. Das macht das Leben ja auch spannend. Wir unterscheiden uns voneinander, was manchmal wiederum zu Spannungen führen kann. Gottes Wunsch ist, dass wir einander ergänzen und somit gegenseitig helfen und unterstützen. In seinem Denken gibt es keine Rivalität und Lieblingskinder. Wir sind alle gleich viel wert, aber mit verschiedenen Aufgaben und Berufungen. Befreie dich von dem Gedanken, dass es andere besser können.

- Steckst du eher zurück, weil du glaubst, dass andere es besser können als du? Denke darüber nach, suche Beispiele und schreibe sie auf.

- Haben diese Gedanken ihren Ursprung vielleicht in deiner Kindheit? Versuche dich an Situationen zu erinnern, die dich in diese Richtung geprägt haben könnten und schreibe sie auf.

- Was kannst du gut? Was fällt dir leicht?

- Welche Schritte kannst du tun, um deine Stärken zu verbessern?

Kapitel 27

Du bist mein!

> *Und nun spricht der HERR, der dich geschaffen hat, Jakob, und dich gemacht hat, Israel: Fürchte dich nicht, denn ich habe dich erlöst; ich habe dich bei deinem Namen gerufen; du bist mein!* (Jesaja 43,1).

Was für ein schöner Vers! Er gilt auch für dich und mich. Ich lese hier gleich mehrere Dinge heraus. Erstens, dass Gott uns geschaffen hat, und zwar mit aller Sorgfalt. Er selbst, der König der Könige, der Herr der Herren, ER hat es so gewollt. Zweitens, wir sollen uns nicht fürchten, denn er ist bei uns. Drittens, er hat uns erlöst. Von was? Vom ewigen Gericht und von unserer sündigen Natur. Viertens, Gott kennt unseren Namen und er hat uns gerufen und berufen, um gute Werke zu tun, wie es in Epheser 2,10 zum Ausdruck kommt:

> *Denn wir sind seine Schöpfung, erschaffen in Christus Jesus zu guten Werken, die Gott zuvor bereitet hat, damit wir in ihnen wandeln sollen.*

Wir können auf seinen vorbereiteten Wegen gehen. Und fünftens, wir gehören ihm. Wir sind sein Eigentum – sofern wir das natürlich möchten. Ihm zu gehören, ist ein Vorrecht. Mich erfüllt es mit tiefem Frieden und großer Freude.

Im Februar 2023 ist die Zahl der Menschen auf der Erde laut einer statistischen Hochrechnung auf über 8 Milliarden gestiegen[1]. Und Gott kennt sie alle mit Namen! Unvorstellbar und gleichzeitig gigantisch.

---

[1] Quelle: statista – https://de.statista.com/statistik/daten/studie/1716/umfrage/entwicklung-der-weltbevoelkerung/ – Tatsächlich weiß man nicht so ganz genau, wie viele Menschen es auf der Erde wirklich gibt. Es ist immer eine Schätzung, da die Zahlen nicht überall genau erhoben werden.

Nichts ist vor ihm verborgen. Und jeder einzelne Mensch ist ihm wichtig. Umso mehr erfreut er sich daran, wenn wir ihn in unser Leben hineinlassen, um es mit ihm zu teilen. Sein Bund ist auf Segen gegründet. Das heißt, wenn wir unser Leben ihm anvertrauen, werden wir gesegnet sein. Gehörst du zu ihm? Ich wünsche es mir sehr für dich! Denn mit ihm an unserer Seite sind wir geborgen.

Du bist ihm nicht egal. Er kümmert sich um dich. Kennst du die Geschichte von der Frau aus Samaria? Jesus war müde von seiner Reise zu Fuß und setzte sich an den Brunnen. Es war Mittagszeit. Kurz darauf kam die Samaritanerin, um Wasser zu schöpfen. Normalerweise gingen die Frauen morgens und abends zum Brunnen. Diese Frau aber kam zur Mittagszeit, in der es am heißesten war. Höchstwahrscheinlich wollte sie nicht den Menschen begegnen, die ihren Ruf kannten. Doch da saß nun dieser fremde Mann, ein Jude, erkennbar an seiner Kleidung.

Jesus bat sie um Wasser. Sie war sehr überrascht, dass er überhaupt mit ihr redete, denn Juden lehnten die Samaritaner ab und verkehrten nicht mit ihnen. Der Grund hierfür lag in der Geschichte, und zwar in der Eroberung von Samaria durch die Assyrer. Viele Juden waren damals nach Assyrien verschleppt worden und das verwaiste Land wurde mit Ausländern besiedelt. Infolgedessen wurden „Mischehen" mit den verbliebenen Einwohnern geschlossen. Das war laut der Weisung Gottes (der Thora) verboten. Deshalb lehnten die nach der Thora lebenden Juden die Nachfahren dieser Leute ab und sahen auf die Samaritaner herab. Sie vermieden es auch, durch Samaria zu reisen.

Nicht so Jesus. Er macht keine kulturellen Unterschiede und wertete andere Menschen nicht ab, egal welcher Herkunft. Für ihn sind wir alle gleich geliebt und wertvoll.

Diese Frau am Brunnen gehörte also zu den von den Juden abgelehnten Samaritanern. Zudem lebte sie in Sünde. Und außerdem befand sie sich an einem öffentlichen Platz, wo es eher unüblich war, dass ein Mann eine Frau ansprach. Jesus hat das alles nicht gestört, denn ihn interessieren nur die Herzen, und er möchte, dass jedem Menschen geholfen wird. Egal, aus welcher Nation du auch kommen magst, was für einen Familienstand du hast, was du gelernt oder nicht gelernt hast – Jesus sagt zu dir: *Du bist mein! Du gehörst zu mir. Ich möchte dich in meiner Nähe haben!*

Jesus vermittelte der Frau am Brunnen nun zunächst einmal, dass er eine andere Art lebendiges Wasser für sie hatte: *„Wer aber von dem Wasser trinkt, das ich ihm geben werde, der wird in Ewigkeit nicht mehr*

Durst haben, nein, das Wasser, das ich ihm geben werde, wird in ihm zu einer Quelle werden, deren Wasser ins ewige Leben sprudelt" (Johannes 4,14 ZÜR). Wer dieses Wasser trinkt, wird nie mehr durstig sein, denn Jesus ist die Quelle des Lebens, die Quelle der Kraft.

Unser Körper spürt Hunger und Durst. In der Regel essen und trinken wir auch jeden Tag. Was aber ist mit unserer Seele? Auch sie benötigt Versorgung: geistliche Nahrung und geistliches Wasser. Jesus diente dieser Frau seelsorgerisch. Er sagte ihr Dinge aus ihrem Privatleben, die er nur durch den Heiligen Geist wissen konnte (ein „Wort der Erkenntnis"). Sie wurde mit ihrem Leben konfrontiert und erkannte, dass Jesus der Christus ist. Begeistert und glücklich lief sie in ihr Dorf zurück und erzählte allen, was sie erlebt hatte.

Jesus ist es egal, was du in der Vergangenheit getan hast. Er möchte dich von jeder Sünde befreien. Er will dir sagen, dass du ihm gehörst. Wo andere Menschen dich nicht verstehen, dich nicht wertschätzen – er tut es. Denn er sieht dich!

Vertiefen und anwenden

Du bist mein!

Du bist Gottes Meisterwerk – etwas ganz Besonderes. Du gehörst zu ihm. Er kennt dich ganz genau. In ihm finden wir Liebe, Geborgenheit und Zugehörigkeit. Gibt es etwas Schöneres, als zu wissen, dass man von Gott geliebt ist und dass man ihm so wichtig ist? Bei diesem Gedanken geht es mir gut, sogar sehr gut!

- Wie geht es dir bei dem Gedanken, dass du geliebt und gewollt bist?

- Notiere, was dir beim Lesen dieses Abschnitts bewusst geworden ist und danke Gott für seine Liebe. Vielleicht magst du gerade jetzt ins Gebet gehen, um mit ihm zu sprechen.

Kapitel 28

Genieße dein Leben!

Genieße jeden Tag deines Lebens – du hast nur eins! Mach was draus! Lebe im Heute, nicht im Gestern und auch nicht im Morgen. Wir wissen sowieso nicht, was am nächsten Morgen sein wird. Wieso sich also unnötig Sorgen machen?

Kannst du deine Vergangenheit verändern? Ja? Dann melde dich bitte bei mir. Meine Vergangenheit würde ich komplett auf den Kopf stellen. Nein, wir können unsere Vergangenheit nicht mehr ändern. Vergangen ist vergangen. Was war, ist vorbei. Gedanken wie „Könnte ich nur die Zeit zurückdrehen!" bringen uns nicht weiter. Im Gegenteil, sie zermürben uns noch mehr. Wir können aber trotzdem etwas tun, nämlich uns entscheiden, dass unsere Vergangenheit nicht mehr unsere Gegenwart beeinflussen und steuern darf. Das ist ganz, ganz wichtig! Ich würde keinen Tag zurückgehen wollen, aber ich will nun jeden Tag in diesem Bewusstsein leben, dass ich Gott gehöre und ihm wohlgefallen möchte. Ich will ihm dienen und jeden Tag bereit sein, das für ihn zu tun, was er mir sagt. Ich möchte mich von Gottes Wort leiten lassen und nicht von Worten, die mich gekränkt haben.

Lege deinen Fokus nicht auf das, was andere Menschen von dir denken. Mach dich nicht abhängig von Menschenmeinungen! Gott allein kennt dein Herz. Nur er kann darüber urteilen. Er ist ein Richter der Gedanken und Gesinnungen unseres Herzens (vgl. Hebräer 4,12). Mach dich frei vom fremden und vom selbst auferlegten „Joch".

Kommt her zu mir, alle, die ihr mühselig und beladen seid; ich will euch erquicken. Nehmt auf euch ***mein*** *Joch und lernt von* ***mir;*** *denn ich bin sanftmütig und von Herzen demütig; so werdet ihr Ruhe finden* *für eure Seelen. Denn* ***mein*** *Joch ist sanft, und* ***meine*** *Last ist leicht* (Matthäus 11,28-30).

Jesus sagt hier, dass wir zu ihm kommen sollen. An wen ist der Ruf adressiert? An alle, die „mühselig und beladen" sind. Er ermutigt uns, ihm unsere Lasten zu bringen. Er möchte sie für dich und für mich tragen. Unser Herz soll bei ihm zur Ruhe kommen. Bei ihm *werden* wir Ruhe finden – das ist ein Versprechen. Zu ihm hingehen müssen wir aber selbst! Doch er erwartet uns mit offenen Armen.

Er spricht auch von *seinem* Joch und *seiner* Last. Der Unterschied ist hier, dass es sanft und leicht ist. Es wird uns nicht erdrücken. Weshalb spricht Jesus überhaupt von einem Joch? Das Bild erscheint uns nicht gerade positiv. Man kennt es als Teil des Geschirrs bei Zugtieren und auch als etwas, dem man unterworfen ist und wodurch die eigene Freiheit stark eingeschränkt ist. Wenn du aber mit Jesus zusammen eingespannt bist, ist er das Zugtier und wird dich führen.

Prüfe dich selbst: Was schränkt dich in deinem Leben ein? Gibt es da etwas Bestimmtes oder eine Person? Dann geh damit zu Jesus, er wird dir helfen, davon frei zu werden.

In Vers 29 der obigen Bibelstelle lesen wir, dass wir von Jesus lernen sollen. Das bedeutet, wir sollen uns ein Beispiel an ihm nehmen. Er hat sich beispielsweise immer wieder Auszeiten genommen, um Gemeinschaft mit seinem Vater zu haben. In diesen Zeiten der Absonderung hat er neue Kraft geschöpft.

Auch wir brauchen Zeiten, die nur uns gehören. Zeiten, die wir ganz bewusst genießen, ob das ein Spaziergang ist, ein ausgiebiges Bad oder mal eine Tüte Chips zu essen, während man sich seine Lieblingsserie anschaut. Genieße diese Zeiten! Schau dir, wenn du spazieren gehst, die Bäume an, die wunderschönen Blumen oder die Vögel. Erfreue dich an der Natur. Sei dankbar! Dankbar zu sein ist positiv und tut jedem Menschen gut. Durch Dankbarkeit zeigst du Wertschätzung für das, was dich umgibt und was du hast. Konzentriere dich nicht auf das, was du nicht hast oder nicht bist. Jeder von uns findet jeden Tag etwas, für das er dankbar sein kann. Das kann man üben.

Meine Erfahrung ist, dass Dankbarkeit Freude freisetzt. Ich danke ihm, dass er mich wunderbar gemacht hat. Das ist die Wahrheit, die ich gegen die erfahrene Ablehnung stelle. Ein Lebensstil der Dankbarkeit ist auch einer der Schlüssel, die dein Leben bereichern. Wenn du für etwas Konkretes dankst, bestätigst du damit, dass du Freiheit empfangen hast (z. B. indem du Gott dankst, dass du von Ablehnung frei geworden bist). Übe dich regelmäßig in der Dankbarkeit. Du gibst ihm damit Ehre und erkennst an, was er bereits in dir vollbracht hat. Danksagung ist eine Anerkennung für das, was er gewirkt hat.

Vielleicht wendest du jetzt ein: „Wie kann ich mein Leben genießen? Siehst du nicht, was um uns herum alles geschieht?" Doch, ich sehe es. Ich kann daran aber kaum etwas ändern. Aus diesem Grund achte ich auch sehr genau darauf, was ich mir anhöre und anschaue. Ich halte meinen Blick auf Jesus gerichtet, denn sonst schaffe ich es nicht, mein Leben zu genießen. Er hat alles unter Kontrolle! Vieles muss auch geschehen, weil es so in seinem Wort steht. Wir sind besser dran, wenn wir unser Herz vor Sorgen und Ängsten bewahren. Jesus sagt: „Komm zu mir, denn ich werde deiner Seele Ruhe geben!" Du bist ihm sehr, sehr wichtig. Nie, zu keiner Zeit, warst du ihm egal und wirst es auch nie sein. Mit ihm zusammen kannst du dein Leben genießen. Schließlich hat er dir das Leben geschenkt, und das würde keinen Sinn machen, wenn er nicht wollen würde, dass du es genießt.

Vertiefen und anwenden

Genieße dein Leben!

Darf bzw. kann man denn sein Leben genießen? Ja, natürlich kann man das! Unsere Einstellung zum Leben ist dabei entscheidend. Wie denkst du über das Leben nach? Siehst du deine Zukunft eher negativ? Das sind alles Faktoren, die unseren Lebensprozess beeinflussen. Du kannst die Welt da draußen nicht entscheidend ändern; du kannst nur dich selbst ändern.

- Gibt es Dinge, aufgrund derer du dein Leben nicht genießt? Was sind das für Gefühle, Gedanken, Haltungen oder Einstellungen? Schreibe sie dir von der Seele.

- Welche Konsequenzen ziehst du daraus? Was kannst du tun, um diese Gedanken und Einstellungen zu verändern?

- Schreibe hier die Verse von Matthäus 11,28-30 auf und gehe darüber ins Gebet.

- Was ist dir bewusst geworden?

Kapitel 29

Gehorsam bringt Segen

Das Wort „Gehorsam" mag uns vielleicht altmodisch vorkommen und auch nicht so beliebt sein. Es hängt jedoch ein Segen daran, wenn wir Gott gegenüber gehorsam sind.

Und Noah tat alles, was ihm Gott gebot (1. Mose 6,22).

Was, wenn Noah es nicht getan hätte?

Du kennst vielleicht die Geschichte von Noah und der Arche, die er baute. Gott hatte beschlossen, eine Sintflut über die gesamte Erde kommen zu lassen, weil er sah, dass die Bosheit der Menschen überhandnahm und die Gedanken in ihren Herzen allezeit böse waren. Allein Noah fand Gnade vor dem Herrn, weil er ein gerechter Mann und untadelig war. Er „wandelte mit Gott", d. h. Gottes Gedanken und Absichten waren ihm nicht egal.

Noah erhielt von Gott eine genaue Anleitung, wie er die Arche bauen sollte, aus welchem Holz, wie hoch und wie breit usw. Von allen Tieren sollte er je zwei in die Arche führen, und zwar Männchen und Weibchen. Er tat alles genau nach Anweisung. Was wohl die Menschen in seinem Umfeld dachten? Er baute eine Arche mitten auf trockenem Land. Vielleicht dachte so mancher, er sei von Sinnen. Noah ließ sich aber von nichts beirren. Er kannte und vertraute Gott. Er glaubte ihm, auch wenn ihm vielleicht sein rationales Denken im Weg stand. Letztendlich hat Gott seine Treue belohnt und hat ihn, seine Frau sowie seine drei Söhne samt Schwiegertöchtern gerettet.

Gehorsam hat einen Preis. Es bedeutet oft, Stolz, Scham und Furcht hinter sich zu lassen. Ich kann mich noch daran erinnern, dass Gott mir vor Jahren einmal aufs Herz legte, Garnelen zu kaufen. In meinem damaligen Wohnort gab es eine Metzgerei, die auch eine kleine Fischtheke hatte. Erst war ich verblüfft. Als ich aber dann in die Metzgerei kam, wusste ich, dass ich wegen der Verkäuferin gehen sollte, um ihr zu sagen, dass Gott sie liebt. Das habe ich auch gemacht. Ich musste in dem Moment meine Schüchternheit und Furcht überwinden. Als ich dann hinausging, wurde ich mit großer Freude und Zufriedenheit gesegnet.

Ein anderes Mal habe ich einer Frau eine Kette mit dem Schriftzug „Prinzessin" geschenkt. Eigentlich hatte ich sie für mich gekauft. Doch Gott gab mir einen Eindruck und sagte mir, ich solle ihr die Kette schenken. Das habe ich dann auch getan. Nachdem sie das Geschenk ausgepackt hatte, fing sie an zu weinen. Etwas überrascht und vorsichtig fragte ich sie, was gerade in ihr vorginge. Daraufhin antwortete sie, dass sie erst einen Tag vorher Gott gefragt habe, ob sie noch seine Prinzessin sei. Sie hatte sich nicht mehr geliebt gefühlt. Gott hatte ihr Gebet gehört und durch meinen Gehorsam zu ihr gesprochen.

Ich könnte noch einige andere Begebenheiten erzählen. Was ich aber damit sagen möchte, ist, dass du ein großer Segen für Menschen sein kannst und natürlich auch für dich selbst, wenn du den Impulsen, die Gott dir gibt, folgst, ihnen also gehorsam bist. Er braucht dich hier auf der Erde, um gewisse Dinge umzusetzen. Er wird nicht vom Himmel herunterkommen und es machen. Er drückt sich durch dich aus. Das heißt, dass er dich braucht. Wenn Gott zu dir spricht und dir etwas auf dein Herz legt, dann hat es seinen Sinn. Und dann kannst du es auch tun, weil er dich dazu befähigen wird. Danach wirst du voller Freude sein, weil du jemandem durch dein Handeln etwas Gutes getan hast.

In einem Vers in der Bibel steht, dass Geben seliger ist als Nehmen (vgl. Apostelgeschichte 20,35). Etwas zu nehmen ist einfach. Das kostet dich in der Regel nichts. Aber Geben kann dich Zeit, Überwindung und Mut kosten. In der Vergangenheit hatte ich manchmal Impulse, denen ich aus Furcht und auch aus Zweifeln, ob sie wirklich von Gott seien, nicht gehorsam gewesen bin. Dann habe ich mich schlecht gefühlt. Mittlerweile sage ich: „Herr, hier bin ich! Ich möchte tun, was du willst. Egal, ob ich Angst habe oder nicht. Ob es mir komisch erscheint oder nicht. Wenn du es zu mir sagst, dann, weil du mich dazu bestimmt hast."

In dem Maß, wie du ihn liebst, wirst du lernen, ihm zu gehorchen. Umso mehr du ihn also liebst, umso mehr wirst du ihm gehorsam sein, denn du tust es dann für ihn. Das Schönste dabei ist das Fundament: die

Liebe. Auf sie kann aufgebaut werden. Diese Zweisamkeit mit Jesus, gegründet auf der Liebe, wird dir jedes Handeln einfacher machen.

> *Wer meine Gebote hat und sie hält, der ist es, der mich liebt; wer aber mich liebt, wird von meinem Vater geliebt werden; und ich werde ihn lieben und mich selbst ihm offenbaren* (Johannes 14,21).

Hast du Kinder, wird es dich bestimmt glücklich und zufrieden machen, wenn sie dir gehorchen. Es herrscht Frieden und Harmonie im Haus. Keine Oppositionen, keine Widerreden. Als Kinder denken wir oft, unsere Eltern seien „doof", gerade wenn sie uns gewisse Dinge verbieten und uns Aufgaben erteilen. Das mögen wir nicht. Wenn wir dann selber Eltern werden, verstehen wir, weshalb unsere Eltern so mit uns umgegangen sind. In Kolosser 3,20 (NeÜ) steht: *„Ihr Kinder, gehorcht euren Eltern in allem, denn das gefällt dem Herrn!"* Ja, Gott gefällt es, denn Gehorsam bringt Segen hervor. Du bist dazu berufen, Gutes zu tun. Du bist dazu bestimmt, ein gesegnetes Leben zu führen.

Vertiefen und anwenden

Gehorsam bringt Segen

Das Wort Gehorsam bekommt eine ganz andere Bedeutung, wenn wir verstehen, dass ein Segen daran geknüpft ist. Gott gegenüber gehorsam zu sein, bedeutet, seine Gunst zu haben. Es ist ein Geben und ein Nehmen. Gott belohnt unseren Gehorsam. Er hat Freude daran, weil du seine ausführende Hand hier auf der Erde bist. Er hat die Möglichkeit, durch dich zu wirken.

- Fällt es dir schwer, gehorsam zu sein? (Die Frage kann dein natürliches sowie dein geistliches Leben betreffen.) In welchen Bereichen fällt es dir leicht und in welchen nicht?

- Hast du eine Begründung dafür? (Beziehe auch den Aspekt „Vertrauen" mit ein.)

- Schreibe ein oder zwei Erfahrungen auf, bei denen du durch Gehorsam Segen empfangen hast.

TEIL IV

Du stehst auf der Siegerseite

Kapitel 30

Herr, ich bin nicht bereit dafür ...

Kennst du dieses Gefühl, wenn dir dein Chef bei der Arbeit eine verantwortungsvolle Aufgabe erteilen möchte und es dir allein bei dem Gedanken daran schon schlecht wird? Oder Jesus beruft dich zu etwas und du sagst: „Was, ich?" So geht es mir sehr oft, seit ich mit Jesus unterwegs bin.

Mein Mann und ich wurden im Jahr 2004 als Älteste in unserer damaligen Gemeinde eingesetzt; dann, zwei Jahre später, als Pastoren. Ich war geschockt. Ich eine Pastorenfrau? Niemals! „Herr, du hast mich doch gar nicht gefragt, ob ich das sein möchte. Ich bin nicht bereit dafür!" Ich wollte nur noch flüchten. Ich wurde rebellisch, weil ich mit dieser neuen Situation nicht klarkam. Jetzt musste ich ja erst recht ein Vorbild sein. Alle würden auf mich schauen. Zu der Zeit war ich noch ziemlich introvertiert und zu sehr mit mir selbst beschäftigt. Gefühle der Überforderung und Ohnmacht überfielen mich. Ich war nur noch am Jammern. „Ich? Die Frau des Pastors? Herr, das finde ich ganz und gar nicht witzig. Hier muss ein Irrtum vorliegen. Herr, du siehst doch, was in mir im Argen liegt. Die Menschen machen doch einen großen Bogen um mich. Wieso ich? Weißt du eigentlich, wem du gerade diese Aufgabe erteilst?"

Als ob Gott das nicht gewusst hätte ... Mein Problem war, dass ich zu sehr auf mich schaute, anstatt auf das, was Gott mir durch sein Wort und auch durch prophetisches Reden zugesprochen hatte. Ich war noch in alten Denk- und Verhaltensmustern gefangen. So viel musste sich doch noch in mir verändern!

Weißt du, was die gute Nachricht ist? Gott, dein liebender Vater, kennt dich, und er macht keine Fehler! Er weiß ganz genau, was er tut und was er dir zutrauen kann. Ich dachte eine lange Zeit, ich sei ein hoffnungsloser Fall. Ich glaubte, für mich gebe es keine Chance. Aber Gott sei Dank zählt das, was ER denkt. Er weiß es so viel besser. Deine Gedanken und Sorgen ändern seine Meinung über dich nicht.

Schauen wir uns einmal Gideon an. Er war gerade beim Weizendreschen und verbarg sich dabei in einer Keltergrube aus Angst vor den feindlichen Midianitern, die stets zur Erntezeit ins Land einfielen und Raubzüge durchführten. *„Da erschien ihm der Engel des HERRN und sprach zu ihm: Der HERR mit dir,* ***du streitbarer Held!"*** So konnte Gideon sich allerdings gerade gar nicht sehen! *„Ach, mein Herr! Ist der HERR mit uns, warum ist uns dann das alles widerfahren? Und wo sind alle seine Wunder, die uns unsere Väter erzählten und sprachen: Der HERR hat uns aus Ägypten heraufgeführt? Nun aber hat uns der HERR verstoßen und in die Hand Midians gegeben."* Doch diese Einwände ließ Gott nicht gelten. Er ermutigt Gideon: ***„Geh hin in dieser deiner Kraft;*** *du sollst Israel erretten aus den Händen der Midianiter. Siehe,* ***ich habe dich gesandt!"*** Gideon war immer noch nicht überzeugt, seine Zweifel blieben: *„Ach, mein Herr, womit soll ich Israel erretten? Siehe, mein Geschlecht ist das geringste in Manasse, und ich bin der Jüngste in meines Vaters Hause."* Aber Gott blieb dran: ***„Ich will mit dir sein****, dass du Midian schlagen sollst wie einen Mann"* (Richter 6,12-26).

Obwohl Gideon stur auf der Unmöglichkeit der Situation und seine eigene Unfähigkeit beharrte, blieb Gott dabei, dass er ihn auserwählt hatte, um Israel zu retten. Gideon zog dann mit 32.000 Mann aus, um gegen die Midianiter und Amalekiter zu kämpfen. Aber Gott hatte andere Pläne: Mit nur 300 Mann sollte Gideon letztendlich siegen, und alle Ehre ging an Gott, der allmächtig ist.

Wenn Gott spricht, wenn er etwas sagt, dann schafft er auch die Lösung. Was lernen wir daraus? Was sagte Gideon und was sagte Gott? Gideon schaute auf sich selbst: Ich bin von Gott verlassen, ich bin zu schwach, ich bin zu unbedeutend – alles Ausreden. Gott ließ sie nicht gelten. Der einzige relevante Faktor war er selbst, der allmächtige Gott.

Und was sagst du über dich? Ich bin zu jung, zu alt, verheiratet, Mutter, zu unfähig, zu schwach, zu minderwertig, zu dumm? Wir können viele Ausreden haben, um etwas nicht tun zu müssen. Wen Gott aber beruft, den stattet er auch aus. Gott sieht so viel mehr in dir und in mir. Er gibt uns den Mut und die Kraft, um scheinbar unüberwindbare Dinge zu meistern. Unser *Geist* glaubt, dass wir durch ihn alles tun können, was er uns aufträgt. Unsere *Seele* aber gaukelt uns das Gegenteil vor, weil sie vielleicht noch mit negativen Gefühlen beladen ist.

Werfen wir noch einen Blick auf Jona. Er flüchtete vor Gott – als könne man vor Gott flüchten und sich vor ihm verstecken ... Gott hatte ihm den Auftrag gegeben, in der Stadt Ninive gegen ihre Bewohner zu predigen, da ihre Bosheit Gott nicht verborgen geblieben war. Jona machte sich also auf – aber in die entgegengesetzte Richtung. Er floh nach Jafo (dem späteren Joppe und heutigen Jaffa), um von dort mit einem Schiff nach Tarsis zu gelangen, also weit weg von Gott. War ihm nicht bewusst, dass Gott allgegenwärtig und allwissend ist? Zumindest versuchte der Prophet, sich seinem Ruf zu widersetzen. Er hatte einfach keine Lust darauf.

Als Jona sich mit dem Schiff unterwegs befand, ließ Gott einen gewaltigen Sturm aufkommen. Sogar die Schiffsleute, die bestimmt einiges gewohnt waren, bekamen große Angst und schrien, jeder zu seinem Gott. Was machte Jona? Er schlief. Er war die Ursache dieses Unwetters und schlief seelenruhig. Unglaublich! Als rauskam, dass er an der Lage schuld war, sagte er selbst zu den Schiffsleuten, sie sollten ihn ins Meer werfen.

Die meisten kennen die Geschichte von Jona, wie er drei Tage und drei Nächte im Leib eines großen Fisches war, den Gott vorbeigeschickt hatte. Dort drin roch es bestimmt nicht nach Parfüm ... Doch Jona hatte Zeit zum Nachdenken und um in sich zu gehen. Nach dieser Erfahrung ging er letztlich doch noch in die große Stadt Ninive, um zu predigen. Die Einwohner wurden gewarnt und aufgefordert, von ihren bösen Werken umzukehren. Das haben sie auch getan, weil sie den Worten Jonas glaubten. Durch Jonas Gehorsam, wenn auch über Umwege, wurde eine ganze Stadt gerettet.

Oft wollen wir etwas nicht tun, entweder, weil wir es nicht für richtig halten, oder weil wir uns nicht dazu fähig fühlen. Du fragst dich jetzt möglicherweise, was Gideon und Jona mit dir zu tun haben. Na, sie waren Menschen wie du und ich, mit Schwächen und Stärken. Auch sie hatten ihre Herausforderungen und Kämpfe. Gott möchte dich ermutigen, in allem auf ihn zu schauen und nicht auf dich oder auf andere, die es deiner Meinung nach besser können. Rechtfertige dich nicht mit irgendwelchen Entschuldigungen. Sie hindern dich daran, das Ziel zu erreichen.

Der Apostel Paulus berichtet:

> *Und [der Herr] hat zu mir gesagt: Lass dir an meiner Gnade genügen; denn meine Kraft ist in den Schwachen mächtig* (2. Korinther 12,9a).

Er schenkt uns die Gnade und die Kraft Dinge zu tun, von denen wir glauben, sie nicht tun zu können. Das ist ein Versprechen! Er stattet dich aus. Er hat dir den Heiligen Geist gegeben an dem Tag, als du Jesus bewusst in dein Leben hineingelassen und bekannt hast, dass er dein Erlöser und Herr ist. Er hilft dir und leitet dich auf seinen Wegen.

So war es auch bei mir. Was sollte ich jetzt tun mit der Rolle einer Pastorenfrau? Ich musste mich ihr stellen und sie annehmen. Die einzige Flucht wäre die Scheidung gewesen. Dies war aber nun wirklich keine Option! Ich musste eine Entscheidung treffen und ja zu dieser neuen Herausforderung sagen. Also begab ich mich nach und nach in den Prozess der Veränderung, vor allem in meinen Gedanken und Gefühlen, die bedingt durch meine Kindheit ja sehr negativ geprägt waren.

Stehst du vor einer Herausforderung? Ganz egal, ob sie persönlicher Art ist oder ob sie etwas mit deiner Berufung zu tun hat: Gott stellt sich zu dir. Du bist nicht alleine!

Vertiefen und anwenden

Herr, ich bin nicht bereit dafür ...

Ich glaube, dass man für manche Dinge nie bereit sein wird – rein gefühlsmäßig zumindest. Aber heißt das gleichzeitig auch, dass man es nur aufgrund von Einschüchterung und Gefühlen nicht schaffen wird? Nein, das heißt es nicht! Ich gebe dir einen wichtigen Ratschlag weiter, der mir persönlich sehr geholfen hat: Schaue nicht auf dich und auch nicht auf andere! Gott weiß, was er tut. Und er weiß, was er alles in dich hineingelegt hat. Konfrontiere deine Herausforderungen, denn nur durch Konfrontation hast du die Möglichkeit, dich weiterzuentwickeln und zu siegen.

- Was sind deine größten Herausforderungen?

- Wie schränken sie dein Leben ein?

- Was hat nun mehr Gewicht? **Dein** Denken und Reden oder **seines**? Begründe es.

- Gideon und Jona brachten ihre Einwände vor Gott, aufgrund derer sie etwas angeblich nicht tun konnten. Was hast du aus den beiden Geschichten gelernt?

Kapitel 31

Lass los, was dich zurückhält!

Es gibt viele Dinge in unserem Leben, die uns zurückhalten wollen. Schmerzhafte, enttäuschende Erfahrungen, die wir noch nicht aufgearbeitet haben, oder Ängste und Unsicherheiten. Ich selbst war die ersten Jahre, obwohl ich schon Christin war, gefangen in meiner Vergangenheit. Ich lebte in den Gefühlen und den Gedanken meiner Kindheit. Dabei bemitleidete ich mich selbst, war darin sogar Meisterin geworden.

Das Problem mit dem Selbstmitleid ist, dass man sich damit sogar schadet. Denn um was geht es dabei? Man tut sich selbst leid und bedauert sich. Der Fokus liegt hier wieder auf dem eigenen Ego: „Ich Arme(r), das habe ich nicht verdient! Wieso ich? Keiner versteht mich! Ich bin zu dumm; keiner mag mich ..." Und so weiter und so fort. Die Folge ist, dass wir immer das gleiche Leid, die gleiche Trauer in unserer Seele pflegen. Die Wunden können so gar nicht heilen, weil wir sie immer wieder neu aufreißen. Und was bezweckt man damit? Möchte man vielleicht von anderen bemitleidet werden? Das wäre typisch für eine Opferhaltung. Oder man möchte einfach nur verstanden und getröstet werden. Dadurch wird sich aber nicht viel ändern.

Meine Freundin war damals so ehrlich (und hilfreich), mir zu sagen, dass ich egoistisch sei, indem ich mich selbst bemitleide. Das hat mich getroffen. Aber sie hatte Recht damit. Denn Selbstmitleid ist ein Zeichen einer starken Ich-Bezogenheit. Wie aber können wir das ändern? Die Einstellung von Paulus kann uns dabei helfen:

> *Meine Brüder und Schwestern, ich schätze mich selbst nicht so ein, dass ich's ergriffen habe. Eins aber sage ich: Ich vergesse, was dahinten ist, und strecke mich aus nach dem, was da vorne ist* (Philipper 3,13).

Was meint Paulus hier mit „vergessen“? Dass wir uns nicht mehr daran erinnern? Du kennst ja den Ausspruch: „Vergiss es!“, wenn du von jemandem etwas möchtest, das er aber nicht tun oder geben will. Zum Beispiel: „Könntest du bitte mal den Müll rausbringen?“ – „Vergiss es, Mama! Ich muss jetzt Hausaufgaben machen.“ Das heißt nicht, dass Mama sich nicht an den Müll erinnern soll, sondern dass es Wichtigeres gibt.

So ähnlich ist, was Paulus hier im Sinn hat. Er erinnert sich zwar an die Vergangenheit, aber sein Fokus liegt auf dem, was er erreichen will. Dadurch tritt das Vergangene in den Hintergrund. Zwar können wir die Dinge der Vergangenheit vielleicht nicht vergessen; sie dürfen aber unser Heute und Morgen nicht mehr beeinflussen. Lass es nicht weiter zu!

Das Wort „vergessen“ bedeutet also für mich, nicht ständig darüber nachzudenken. Ich beschäftige mich nicht mehr die ganze Zeit damit, während ich früher meine Kindheitserlebnisse regelrecht festhielt. Ich habe mich förmlich im Selbstmitleid gebadet, und eine Seite meiner Persönlichkeit hat sich dabei auch noch wohl gefühlt. Weshalb eigentlich? Es war meine Gewohnheit, die Dramen meiner Vergangenheit immer wieder zu bewegen und gewissermaßen zu pflegen (deswegen spricht man auch davon, „eine Gewohnheit zu pflegen“). Es war für mich normal und vertraut, weil ich es nur so kannte. Aus dieser Gewohnheit war längst eine Gedankenfestung geworden; sie war ein Teil von mir.

Eine Festung wirkt im ersten Moment einschüchternd. Hoch aufragend und wie eine Trutzburg steht sie da – und wird so lange stehen bleiben, bis wir uns dazu entscheiden, sie einzureißen. Das bloße Betrachten der Festung wird die Situation nicht besser machen. Da muss man schon mit entschiedeneren Mitteln drangehen.

Egal, wie deine Festung auch heißen mag, entscheide dich, sie einzureißen. Schlag sie ein! Mach sie kaputt! Komm raus!

Die Voraussetzung ist allerdings, zu verstehen, dass dir diese Art von Festung nicht guttut. Meine Festung hatte ich mit Sicherheit und Normalität assoziiert. Ich versteckte mich hinter ihren Mauern. Als ich erkannte, dass es eine Lüge war, musste ich mich entscheiden, diese Festung einzureißen. Mein Festhalten an dem, was ich in meiner Kindheit erlebt hatte, musste ich loslassen, weil es nicht gut für mich war. Das krampfhafte Festklammern schadete mir. Und ganz ehrlich: Niemals hätte ich gedacht, dass Loslassen so viel Kraft kosten kann!

Es hört sich so leicht an: Lass einfach los! Und tatsächlich ist es auch einfach: Nimm einen schmutzigen Lappen und lass ihn fallen – was ist daran schwer? Es sind die eingefahrenen Denkmuster, die man nur schwer verlassen kann. Man muss den Schmutzlappen der Vergangenheit immer wieder neu loslassen – bis man ihn nicht mehr vom Boden aufhebt, weil man es so gewohnt ist. Bis man ihn liegen lässt, sich abwendet und den (seelischen) Ort verlässt, wo er liegt.

Für mich war es ein großer innerer Kampf. Ich war ja das Opfer. Ich musste leiden. Das war doch mein Schicksal. – Falsch gedacht.

Wenn du in einen starken Sturm hineinkommst, versuchst du krampfhaft, dich an einen festen Gegenstand zu klammern, damit dich der Sturm nicht wegreißt. Du kämpfst um dein Leben. Im geistlichen Sinne gesprochen ist es genau umgekehrt. Wenn du geistlich überleben und vorankommen möchtest, musst du das loslassen, was dich zurückhält, deine Scheinsicherheit.

Aber dabei ist es nicht so, dass es nichts Festes gäbe, an das du dich halten könntest. Mitten im Sturm, in den Wellen, die dich hin und her werfen, gibt es einen „Fels in der Brandung", deine einzig wahre Sicherheit: Jesus! Er streckt dir seine Hände entgegen. Wenn du sie ergreifen willst, musst du das Alte loslassen. Dazu gehört eine Portion Vertrauen, dass es dich nicht weghauen wird. Und das wird es auch nicht, denn Jesus wird zugreifen und dich nicht ins Leere fallen lassen. Niemals!

Der Teufel will unseren Blick auf die Vergangenheit richten und uns damit in der Ablenkung fixieren. Erinnere ihn an seine Zukunft in der ewigen Hölle, wenn er dich an deine Vergangenheit erinnern will! Wie viel Zeit investierst du in das Nachdenken über Geschehnisse aus deiner Vergangenheit? Und welcher Anteil davon ist positiv, welcher negativ? Der Teufel möchte nicht, dass wir zuversichtlich in die Zukunft blicken und das annehmen, was Gott von Anbeginn für uns vorbereitet hat. Vielmehr sollen wir uns mit der Vergangenheit beschäftigen und darüber nachdenken, wie oft wir versagt haben, wie oft wir schlecht behandelt wurden. Wir sollen z. B. über die schlimme Zeit nachdenken, als sich unsere Eltern getrennt haben. Oder als eine Beziehung in die Brüche gegangen ist.

Es gibt viele Gründe, die uns gefangen nehmen können. Auch traumatische Erlebnisse, wie z. B. ein Unfall. Vielleicht leidest du seitdem unter Ängsten, Panikattacken und Schlafstörungen; dein Alltag ist dadurch schwer beeinträchtigt. Der Teufel will, dass wir abgelenkt und auf uns selbst konzentriert sind. Denn er fürchtet sich davor, dass wir in die Freiheit kommen, die Gott für uns vorbereitet hat, um unser Werk, unseren Auftrag hier zu vollenden.

Bei Gott ist es ganz anders. Er möchte, dass wir auf unsere Stärken schauen, nicht auf unsere Schwächen. Wir sollen auf das sehen, was vor uns liegt. Weil Gott bei uns ist, stehen wir auf der Siegerseite. Schau bewusst nach vorne, und zwar positiv, optimistisch. Wenn du während des Laufens nach hinten blickst, wirst du schwanken und nicht mehr geradeaus laufen können. Konzentriere dich auf das neue Leben, das Jesus dir schenkt. Er hat ein Leben in Freude für seine Kinder bestimmt. Wir sind dazu berufen, in der Freiheit zu leben – die Freiheit, die Jesus für uns am Kreuz erkauft hat. Als er am Kreuz schrie: „Es ist vollbracht!", hat er alle Sünden, Schuld und Scham für uns bezahlt, sie sind nicht mehr das Problem. Das Problem liegt in unserem Fokus, indem wir um uns selbst kreisen und auf uns schauen. Solange wir das tun, kann es auch nicht besser werden.

Dieses Um-sich-selbst-Kreisen muss gestoppt werden, um hoffnungsvoll in die Zukunft schauen zu können. Denn wenn ich mich ständig um mich selbst drehe, sehe ich auch nur mich selbst. Immer wieder und immer wieder. Das ist ein ewiger Kreislauf, den nur du selbst unterbrechen kannst. Lass los, was dich kleinhalten möchte! Lass Gedanken der Zerstörung los und nimm die liebevollen Gedanken auf, die er über dich hat. Lass diejenigen los, die dich verletzt und enttäuscht haben. Gib sie frei. Bring sie zu Jesus ans Kreuz. Diskutiere nicht mit sinnlosen, bösen Gedanken. Befiehl ihnen, zu gehen! Du musst sie nicht weiter annehmen. Du darfst loslassen! Der Schmutzlappen darf liegenbleiben und du darfst den Ort verlassen. Du darfst die Hand Jesu ergreifen; er hält dich fest!

Was wäre deine natürliche Reaktion, wenn ein brennender Ball auf dich zukäme? Du würdest ihm ausweichen, oder? Ich denke nicht, dass du stehen bleiben und sagen würdest: „Hallo, hier bin ich! Triff mich! Füge mir durch dein Feuer Schaden zu. Tu mir weh. Das habe ich verdient!" Halte dieses Bild einmal kurz fest. Was machen wir oft in Bezug auf immer wiederkehrende negative Gedanken? Weichen wir aus, weil wir sie nicht empfangen wollen, oder lassen wir sie zu? Sagen wir „Stopp!" zu ihnen? Diese Frage kannst du dir selbst beantworten.

Magst du wissen, was ich gemacht habe? Das wird nicht schwer zu erraten sein. Ich blieb immer stehen und ließ mich treffen, habe diese Art von Gedanken regelrecht angezogen und mich voll beschießen lassen. Ich war so was von passiv, passiver ging es, glaube ich, gar nicht mehr. Mit meinem Lebensstil zog ich jeglichen Mist an und ließ ihn leider auch an mich heran. Aus dieser Erfahrung heraus kann ich dir nur sagen: Lass los! Auch wenn du recht haben solltest. Wenn dir eine Sache oder Person nicht guttut, lass los und rede mit Jesus darüber. Du kannst einen Menschen sowieso nicht ändern. Das möchte man nur zu oft gerne tun. Versuch es erst gar nicht! Das Resultat wird sein, dass du dich negativ veränderst, weil es dich frustrieren wird. Viele Beziehungen zerbrechen daran. Du kannst keinen Menschen ändern. Du kannst ihn höchstens brechen, sodass er resigniert. Du kannst und sollst nur dich selbst ändern.

Um was geht es? Um die Zahnpastatube, die nicht zugemacht wird, oder die Socken, die immer auf dem Boden liegen bleiben? Lass es sein! Ich habe in den Jahren gelernt, Dinge dieser Art zu akzeptieren. Ich lasse sie stehen, auch wenn ich sie nicht gutheiße. Der Ärger lohnt sich nicht. Verwende diese Energie lieber gegen Gedanken und Gefühle, die dich daran hindern, ein schönes, mit Freude und Liebe erfülltes Leben zu führen.

Ich möchte dir etwas ans Herz legen: Kümmere dich mehr darum, wer Gott ist, als darum, wer du bist. Denn um dich und um jeden anderen Menschen kümmert er sich. Und wenn du unbedingt über dich selbst nachdenken willst, dann frage dich: Wer bin ich IN IHM?

Vertiefen und anwenden

Lass los, was dich zurückhält!

Das ist einfacher gesagt als getan. Manchmal klammert man sich krampfhaft an etwas fest, ohne dabei zu merken, dass man Schaden davonträgt. Wir denken, dass uns nichts passieren kann, wenn wir an Erlebtem festhalten: „Das ist mein Bereich, der nur mir gehört. Da lasse ich niemanden herein!" Wisse, dass eine selbst errichtete Schutzmauer keine ist. Denn sie wird dich nicht schützen, sondern gefangen halten, solange du in deiner eigenen (Gedanken)Welt bleibst und dich versteckst.

- Woran aus deiner Vergangenheit klammerst du dich? Mit welchen Gedanken kreist du um dich selbst?

- Wie wirkt sich das in deinem Alltag aus?

- Wie heißen deine Festungen?

- Was wirst du konkret tun, um sie einzureißen?

Ratschlag:

Fange am besten sofort damit an. Entscheide dich jetzt dafür!

Kapitel 32

Der Hürdenlauf

Gott hat uns befähigt, Dinge zu tun, von denen wir nicht einmal zu träumen wagen. Manchmal sagen wir, dass wir dies und das nicht tun können, ohne es aber überhaupt versucht zu haben. Wir können nur herausfinden, ob wir zu etwas in der Lage sind, wenn wir es versuchen. Ich stand oft vor Situationen, in denen ich dachte, nicht handeln zu können. Häufig hat mir einfach auch der Mut gefehlt, etwas zu wagen. Das Gefühl der Minderwertigkeit hat mich sehr oft gelähmt. Die Folge war, dass ich passiv blieb und den Weg des geringsten Widerstands ging, der in Wahrheit aber gar kein Weg war. Denn Passivität kann keinen Menschen zum Ziel führen.

Kennst du den Hürdenlauf? Dabei handelt es sich um eine leichtathletische Wettkampfdisziplin, bei der über eine festgelegte Strecke Hindernisse (Hürden) mit festgelegtem Abstand überlaufen werden müssen. Die Höhe der Hürden beträgt z. B. für Frauen 84 cm. Das ist die Hälfte meiner Körpergröße. Im Wettkampf müssen alle Hürden überlaufen werden, bis zum Ziel. Der Läufer hat das Ziel vor Augen, denn er möchte es natürlich als Erster erreichen. Er möchte gewinnen, um sich den verdienten Preis abzuholen.

Auf meinem Lebensweg standen sehr viele Hürden. Zwar war mein Ziel von Beginn meiner Bekehrung an, Gott zu folgen und ihm zu dienen, aber jedes Mal, wenn ich auf eine Hürde traf, überwand ich sie nicht, um weiterzulaufen, sondern blieb stehen und schaute sie mir an ... und schaute ... und schaute sie nochmal an ... – Ich musste schließlich zugeben, dass sich die Hürde nicht von alleine wegbewegte. Im Gegenteil: Je mehr man auf sie schaut, um so unüberwindbarer und größer erscheint sie.

Eine Hürde empfindet man im ersten Moment als etwas Bedrohliches und Negatives. Sie wirkt einschüchternd. Furcht kommt auf und Gedanken wie: „Das werde ich nie schaffen!"

Um Hürdenlaufen zu lernen, muss man sich zunächst einmal selbst überwinden. Man muss die Erfahrung machen: Sogar, wenn ich es nicht darüber schaffe und nur vor die Hürde trete oder hineinlaufe, passiert mir nichts, sondern sie fällt einfach um. Je öfter man die Hürden überwindet, desto mehr Routine bekommt man und desto flacher (mit weniger Kraftaufwand) überläuft man sie.

Genauso ist es, wenn wir mit Gott auf der Strecke sind: Je öfter wir mit seiner Kraft und ihm an unserer Seite Schwierigkeiten überwinden, desto mehr vertrauen wir ihm und desto leichter ist es an der nächsten Hürde. Selbst wenn wir es einmal nicht schaffen, passiert uns nichts Schlimmes. Taucht eine weitere Hürde auf, fokussieren wir nicht mehr aus Angst die Hürde, sondern behalten das Ziel im Auge und überlaufen das Hindernis mit wenig Kraftaufwand. So kommen wir im Vertrauen auf Gott aus jeder Herausforderung gestärkt heraus. Wir wachsen dadurch und werden reifer.

Ich war oft deprimiert und entmutigt. Mein Wunsch war, einfach weiterzukommen in meinem Leben. So zu bleiben, wie ich war, kam gar nicht mehr in Frage. Eines Tages zeigte Gott mir ein Bild:

Ich befand mich auf einer Wettkampfstrecke. Ich stand vor einer dieser Hürden und konnte bereits die nächste sehen. In meinen Gedanken sagte ich mir: „Na toll, das schaffe ich nie, diese Hürden zu überspringen. Das kann ich nicht. Die sind für mich viel zu hoch!" Ich fühlte mich sehr entmutigt. Im selben Moment sah ich Jesus neben der Hürde stehen. Er sagte zu mir, dass ich die Hürden *gemeinsam mit ihm* überwinden könne. Er würde mir dabei helfen. Er sagte: „Spring, spring darüber mein Kind! Ich begleite dich und stehe dir bei. Ich bin neben dir. Ich bin bei dir und helfe dir." Er feuert uns an, wie es ein Trainer mit seinen Schülern macht. Dieses Bild hat mich sehr ermutigt. Ich bete, dass es auch dir hilft.

Sieh deine Hürden als Herausforderung an und gleichzeitig als Möglichkeit, um in deiner persönlichen und geistlichen Entwicklung zu wachsen. Mit jedem erlangten Sieg wirst du motivierter und hoffnungsvoller sein. Nur laufen und springen musst du selbst.

Im Leben werden wir immer wieder auf Hürden ganz unterschiedlicher Art treffen. Aber bleib nicht davor stehen; schau sie nicht nur an. Überwinde sie! Es ist viel leichter, eine Hürde in vollem Lauf zu überfliegen, als aus dem Stand darüber zu springen. Wenn wir vor Problemen und neuen Herausforderungen stehen, werden sie nicht kleiner, indem wir passiv davorstehen und sie uns nur anschauen. Im Gegenteil; oftmals wirken sie umso größer und einschüchternder auf uns. Taxiere die Hürde nur aus dem Augenwinkel, um den Abstand abzuschätzen, sodass du optimal darüber kommst, aber halte deinen Blick auf die Ziellinie gerichtet. Sei also auf gar keinen Fall passiv. Bleib im Lauf, behalte das Ziel im Auge und vertraue auf die Hilfe von Jesus. Herausforderungen und Prüfungen machen dich stärker und bringen dich weiter.

Keiner mag Prüfungen. Denke ich zumindest. Ich kenne keinen, der sie mag. Sie gehören dennoch zum Leben dazu. Wie ist es in der Schule und in der Ausbildung? Wir kommen nur weiter, wenn wir die Prüfung bestanden haben. Um sie bestehen zu können, muss man sich seelisch und moralisch darauf vorbereiten. Du musst Zeit dafür investieren und konzentriert lernen. Solange wir die Prüfung nicht bestehen, müssen wir sie wiederholen. Es sei denn, du machst es wie ich, was ich dir allerdings nicht empfehle.

Ich wollte die Mittlere Reife machen. Das Problem war nur, dass ich überhaupt keine Lust hatte zu lernen. In meinem Kopf war nur Blödsinn. Aus diesem Grund wurde ich vom Lehrer oft aus der Klasse geschmissen. Die Konsequenz war, dass ich sitzenblieb. Danach begann ich mit einer Ausbildung, und zwar mit der nächstbesten, die sich mir geboten hat. Ich hätte gerne eine andere Ausbildung gemacht. Den Preis des Lernens wollte ich zu dem Zeitpunkt aber nicht bezahlen. Jetzt ist es zu spät.

Im Laufe der Jahre habe ich lernen müssen, dass ich selbst Schritte im Glauben machen muss. Jesus nimmt mir diese Schritte nicht ab. Aber er hilft mir, sie zu gehen, und das ist entscheidend. Du kannst jedes Hindernis mit ihm überwinden, egal, wie groß es zu sein scheint. Zuallererst siehst du das Hindernis, das Problem. Es scheint unbesiegbar zu sein – weil du es aus der Nähe betrachtest. Du schaust nicht dahinter. Heißt dein Hindernis Angst, Minderwertigkeit, Ablehnung, Selbsthass, Depression, Wut, Scham? Egal, wie es heißt, nenne es beim Namen und überwinde es. Denke an David, als er vor dem Riesen Goliath stand. Er hat sich durch ihn nicht einschüchtern lassen. Egal, wie sich deine Hürde, dein Riese, auch vor dir aufbaut, Gott ist viel größer!

Wenn dein Hindernis zum Beispiel Angst oder Minderwertigkeit heißt, kannst du einen meiner Lieblingsverse aus der Bibel proklamieren:

> … *ich vermag alles durch den, der mich mächtig macht* (Philipper 4,13).

Jesus kennt deine Hürden, und wenn du es zulässt, hilft er dir dabei, sie zu überwinden. Wie? Indem du auf ihn schaust und ihm vertraust, dass du mit ihm ein Überwinder bist. Ich habe es selbst erfahren. Ich musste von mir selbst wegsehen und ihn betrachten. Indem wir ihn anschauen, werden wir verwandelt (vgl. 2. Korinther 3,18). Das war für mich nicht einfach, denn ich war so auf mein altes Ich, auf mich selbst fixiert, dass ich das Neue, das er in mir begonnen hatte, nicht sehen konnte. Aber schließlich war ich immer weniger abhängig von Menschenmeinungen und von deren Liebe und Annahme. Ich bin jetzt von *ihm*, meinem Schöpfer, Erlöser und Vater, abhängig.

Wir sind seine geliebten Kinder. Daran wird sich nie etwas ändern. Es sei denn, du würdest dich von ihm lossagen und von ihm abwenden. Doch selbst das würde nichts an seiner Liebe dir gegenüber ändern. Er ist treu und wird es auch immer bleiben.

> *Denn ich bin gewiss, dass weder Tod noch Leben, weder Engel noch Mächte noch Gewalten, weder Gegenwärtiges noch Zukünftiges, weder Hohes noch Tiefes noch irgendeine andere Kreatur uns scheiden kann von der Liebe Gottes, die in Christus Jesus ist, unserm Herrn* (Römer 8,38-39).

So fest ist die Liebe des Vaters zu uns. Lass das ruhig, gerade während du das liest, tief in dir wirken. Dein Vater im Himmel möchte dich berühren. Lass es zu. Du brauchst dich vor ihm nicht zu fürchten oder zu schämen, denn er ist ein liebender, gütiger Vater. Er wirbt um dich und sehnt sich nach deiner Liebe. Es bereitet ihm Freude, dir zu helfen und zu sehen, wie du seine Hilfe in Anspruch nimmst und ihm Vertrauen schenkst. Zusammen mit ihm bist du ein Überwinder. Denke daran, du stehst mit ihm auf der Siegerseite. Aufgeben ist keine Option!

Vertiefen und anwenden

Der Hürdenlauf

Während unseres Lebens können uns vielerlei Hürden begegnen, die uns daran hindern wollen, unsere Ziele zu erreichen. Hürden können finanzielle Schwierigkeiten, Krankheiten, Beziehungsprobleme, persönliche Ängste, Unsicherheiten und noch vieles mehr sein. Die Frage ist, wie wir eine Hürde betrachten. Stellt sie für uns eine Bedrohung dar, oder kann sie vielleicht eine Chance sein, um durch sie zu lernen, zu wachsen und stärker zu werden.

- Wie heißen deine Hürden? Schreibe jede einzelne Hürde auf.

____

____

____

____

____

- Welche davon belastet bzw. schränkt dich am meisten ein? Weshalb?

____

____

____

____

____

- Was kannst du dazu beitragen, diese Hürden zu überwinden?

____

____

____

____

____

- Was würde sich konkret in deinem Leben verändern, nachdem du diese Hürde/n überwunden hast?

____

____

____

____

____

Ratschlag:

Die letzte Frage soll dich dazu motivieren und ermutigen, konkrete Schritte zu tun, die hierfür nötig sind. Lass keine Zeit mehr davor vergehen.

Kapitel 33

Der Herr sieht

Und Abraham nannte die Stätte „Der HERR sieht". Daher man noch heute sagt: Auf dem Berge, da der HERR sich sehen lässt (1. Mose 22,14).

Mich beruhigt es zu wissen, dass er mich sieht. Er weiß zu jeder Zeit, wo ich gerade stecke und was ich mache. Er sieht auch dich. Du bist für ihn nicht unsichtbar. Er schaut nicht uninteressiert auf dich, sondern interessiert. Sein Sehen ist auch nicht oberflächlich, denn er sieht in dich hinein, in dein Inneres. Aus diesem Grund kann auch nur er dich richtig verstehen. Er weiß ganz genau, ob du an einem Wendepunkt in deinem Leben stehst, ob du vor einer schweren Prüfung stehst, gerade eine Trennung mitmachst, ob es dir gut oder schlecht geht. Egal, wo du gerade stehst, du kannst dein Anliegen vor ihn bringen, denn er möchte für dich sorgen und dir in deinem Alltag helfen.

Du fragst dich vielleicht, wie das sein kann, dass er dich sieht und beachtet, bei Milliarden von Menschen, die auf der Erde leben. Die Antwort ist die: Gott ist allmächtig und allgegenwärtig. Unser Verstand kann das nicht begreifen.

Als mein Mann damals, geplagt von starken Schmerzen, mitten in der Nacht auf der Wiese zu Gott schrie, hat er ihn gesehen und gehört. 48 Stunden später sandte Gott eine Schwester aus einer Gemeinde zu ihm nach Hause mit der Botschaft, dass er sein Schreien gehört habe. An diesem Tag nahm er Jesus in sein Herz auf.

Gott legte Abraham eine schwere Prüfung auf. Er wollte von ihm, dass er mit seinem einzigen Sohn, den er liebhatte, in das Land Morija ginge, um ihn dort als Brandopfer zu opfern. Er gehorchte und machte sich auf die Reise. Nach drei Tagen erreichten sie den Ort. Zusammen mit seinem

Sohn Isaak ging Abraham auf den Berg; das Holz für das Brandopfer, Feuer und ein Messer hatten sie dabei. Die beiden Knechte ließen sie zurück. Isaak wunderte sich und fragte seinen Vater, wo denn das Schaf für das Brandopfer sei. Weißt du, was ihm Abraham darauf antwortete?

> *Abraham sprach: „Gott selbst wird sich das Lamm für das Brandopfer ausersehen, mein Sohn." So gingen die beiden miteinander.*
> *Und sie kamen an die Stätte, die Gott ihm genannt hatte, und Abraham baute dort den Altar und schichtete das Holz auf. Dann fesselte er seinen Sohn Isaak und legte ihn auf den Altar, oben auf das Holz.*
> *Und Abraham streckte seine Hand aus und ergriff das Messer, um seinen Sohn zu schlachten* (1. Mose 22,8-11 ZÜR).

„Gott selbst wird sich ein Lamm ausersehen." Und so war es auch. Bevor Abraham seinen Sohn opfern konnte, rief der Engel des Herrn Abraham zu, er solle Isaak nichts tun. Was war geschehen? Was wollte Gott damit bezwecken? Er wollte Abrahams Glauben prüfen und sehen, ob er seinen einzigen, verheißenen Sohn über Gott stellen würde, oder ob er wirklich bereit gewesen wäre, seinen Sohn für Gott zu opfern. Gott war während dieser Prüfung immer bei ihm. Nachdem Abraham sie bestanden hatte, sprach Gott ihm Segen zu, ihm und seinen Nachkommen.

Abraham hatte den Glauben gehabt, dass er **mit** seinem Sohn zurückkommen würde. So hatte er es nämlich zu seinen Knechten gesagt, bevor er mit Isaak aufgebrochen war: *„Ich und der Knabe wollen dorthin gehen, und wenn wir angebetet haben, wollen **wir wieder zu euch kommen**"* (1. Mose 22,5).

Abraham war sich sicher gewesen, dass Gott ihm den verheißenen Sohn nicht wegnehmen würde. Isaak, so hatte Gott es versprochen, sollte der Vater der zahlreichen Nachkommen Abrahams werden. Abrahams Glaube und Vertrauen zu Gott waren so groß, dass er sogar mit einer Totenauferweckung rechnete, wie es der Hebräerbrief beschreibt:

> *Durch **Glauben** hat Abraham, **als er geprüft wurde**, den Isaak dargebracht, und er, der die **Verheißungen** empfangen hatte, brachte den einzigen Sohn dar, über den gesagt worden war: **‚In Isaak soll deine Nachkommenschaft genannt werden'**, indem er dachte **[damit rechnete], dass Gott auch aus den Toten erwecken könne,** von woher er ihn auch im Gleichnis empfing"* (Hebräer 11,17-19 ELB).

Diese und viele andere Geschichten der Bibel, aber auch eigene Erfahrungen und die von vielen Menschen, die ich kenne, zeigen eines: Gott hat alles unter Kontrolle, denn er sieht dich. Und er möchte, dass du aus jeder Prüfung siegreich und gestärkt hervorkommst. Seine Augen sind so voller Liebe und Güte für dich. Er wendet sich nicht von dir ab.

Oft fühlen wir uns in schweren Zeiten alleingelassen. Wir fragen, wo denn Gott in allem sei. Sei dir gewiss, dass er gerade in solchen Zeiten bei dir ist und dich durchträgt. Sicherlich kennst du das Gedicht „Spuren im Sand". In den schweren Zeiten siehst du anstatt vier, nur zwei Fußspuren. „Warum nur zwei? Hat mich Gott etwa verlassen?" Niemals! Nie wird er dich alleine lassen. Ja, er lässt vieles zu; und manchmal schickt er uns auch in Prüfungen hinein. Das macht er aber nicht, um uns zu quälen oder zu bestrafen, sondern um uns stark zu machen.

Eines möchte ich hier betonen: Krankheiten kommen **nicht** von ihm. Denn das wäre ein Widerspruch zu dem vollbrachten Werk von Jesus. Er hat am Kreuz sein Leben für uns gegeben. Durch seine Wunden sind wir geheilt (vgl. Jesaja 53,5). Im Umkehrschluss kann er uns also keine Krankheiten schicken. Dass es Krankheiten gibt, hat viele andere Gründe. Der Sündenfall hat dafür Tür und Tor geöffnet.

Sein Beweggrund für Prüfungen ist seine väterliche Liebe zu seinen Kindern. Sein Ziel ist, was auch unseres sein sollte, dass wir geistlich und charakterlich wachsen, um gute Früchte hervorzubringen; um ein Segen für andere sein zu können. Ganz nebenbei profitiert man selbst davon, stark zu werden und zu reifen. Jeder von uns hat Macken und Kanten. Der eine mehr, der andere weniger. Möchtest du sie behalten oder lieber daran arbeiten? Fühlst du dich wohl in deiner Haut?

Wie geht es dir bei dem Gedanken, dass er dich sieht? Denkst du: „Oh, Hilfe, er sieht mich!", oder eher: „Wie schön, er hat ein Auge auf mich!"? Versuche erst gar nicht, dich vor ihm zu verstecken, wie es Jona probiert hat. Wer kann denn vor seinem Angesicht fliehen? Er muss dich sowieso nicht suchen, weil er ganz genau weiß, wo du steckst.

Manchmal rennen wir selbst in die Wüste, weil wir alleine sein und von nichts und niemandem etwas wissen wollen. Mein Mann fragte mich in solchen Fällen, ob ich wieder eine Runde in der Wüste laufen wolle. Ich solle ihm Bescheid geben, wenn ich damit fertig sei. Das Schöne ist, dass Jesus geduldig auf dich wartet, bis du wieder bereit bist, weiterzugehen. Er wird uns nie zu etwas zwingen oder uns bedrängen. Wir sind als freie Wesen geschaffen worden. Und dennoch kommt er gerne, um uns zu helfen, indem er zu uns spricht, z. B. durch unser Gewissen oder durch andere Menschen. Es sollte keinen Druck erzeugen, zu wissen, dass Gott dich sieht, sondern es soll dir ein Gefühl der Wichtigkeit, Sicherheit, Geborgenheit und Annahme geben.

Vertiefen und anwenden

Der Herr sieht

Kein Mensch ist vor Gott unsichtbar. Das zeigt mir seine große Liebe, die er zu allen Menschen hat. Zu wissen, dass er mich sieht, bewahrt mich vor so manchem. Mein Gewissen sagt mir, dass, wenn ich sündigen oder irgendetwas tun möchte, das ihn traurig machen könnte, er mich dabei sieht.

- Wie geht es dir bei dem Gedanken, dass er dich sieht?

- Kannst du glauben und darauf vertrauen, dass er das Beste für dich möchte? Weshalb? Denke über deine gegebene Antwort gut nach.

Kapitel 34

Bist du bereit?

Wir leben in sehr spannenden Zeiten. Die Welt hat sich in den letzten zwanzig Jahren so rasant weiterentwickelt wie nie zuvor. Alles wird digital. Vieles um uns herum verändert sich. In der Bibel lesen wir von den letzten Tagen oder von dem Ende der Zeit. Tatsächlich leben wir in der Endzeit. Jesus kann jeden Moment seine Braut, seine Gemeinde, entrücken.

> *So seht nun sorgfältig darauf, wie ihr euer Leben führt, nicht als Unweise, sondern als Weise,* ***und kauft die Zeit aus, denn die Tage sind böse****.*
> *Darum werdet nicht unverständig, sondern* ***versteht, was der Wille des Herrn ist****. Und sauft euch nicht voll Wein, woraus ein unordentliches Wesen folgt,* ***sondern lasst euch vom Geist erfüllen****.*
> *Ermuntert einander mit Psalmen und Lobgesängen und geistlichen Liedern,* ***singt und spielt dem Herrn in eurem Herzen*** *und* ***sagt Dank Gott, dem Vater, allezeit für alles****, im Namen unseres Herrn Jesus Christus (Epheser 5,15-20).*

Wir lesen in Vers 16, dass wir die Zeit auskaufen sollen. Wir sollen unsere Zeit gut und bedacht einsetzen. Eine Aufzählung, wie wir das unter anderem machen können, steht in den Versen danach. Weshalb sollten wir die Zeit auskaufen? Vielleicht, weil es lebensnotwendige Dinge gibt sowie weniger wichtige. Wir sollten sorgfältig darauf achten, was denn in unserem Leben einen Ewigkeitswert hat.

> *Trachtet nach dem, was droben ist, nicht nach dem, was auf Erden ist* (Kolosser 3,2).

Das heißt, halte deinen Blick auf Gott gerichtet. Hier haben wir wieder das Thema Fokus. Fokussiere den geistlichen, den ewigen Bereich. Wenn wir Kinder Gottes sind, so glauben wir an die Ewigkeit und dass Jesus wiederkommen wird. Das ist unsere Hoffnung der Herrlichkeit (vgl. Kolosser 1,27). Und was machen wir solange? Leben wir einfach so in den Tag hinein und lassen alles so kommen wie es kommt? Drehen wir uns immer um uns selbst? Oder kaufen wir unsere Zeit sinnvoll aus, solange wir leben?

Weißt du, wir werden nichts in den Himmel mitnehmen. Alles Materielle, Erfolge, Ruhm, Haus, Auto werden nicht mitgehen. Das alles hat keinen Ewigkeitswert. Deine Beziehung mit Gott hat es; dein Gehorsam gegenüber Gott, deine Zeit, die du mit ihm verbringst im Gebet und im Wort; die Liebe, die du deinem Nächsten entgegenbringst – das sind alles Werte, die Gott wichtig sind und die auch Bestand haben werden.

Jesus liebt uns so sehr. Er wird uns zu sich holen.

Bist du bereit, alles loszulassen und auf ihn zu warten? Ist er die absolute Priorität in deinem Leben? Was sagen wir, wenn wir eines Tages vor seinem Thron stehen werden? *Ich war noch nicht bereit dazu, weil ich noch zu sehr mit meinen Schwächen und Gedanken beschäftigt war? Ich habe es nicht geschafft, an dein Wort zu glauben, z. B., dass ich erlöst und geliebt bin und mich selber lieben kann und soll? Mein Mann, meine Frau, meine Kinder sind schuld daran?* So soll es nicht geschehen! Dazu bist du einfach zu kostbar und wertvoll. Fülle deinen Tag mit guten Taten, positiven Gedanken, Gemeinschaft mit Gott. Fülle deinen inneren Menschen damit. Vergeude dein Leben nicht!

Ich bin auf einen interessanten Aspekt in der biblischen Geschichte gestoßen. Das Volk Israel lebte ca. 420 Jahre lang in der Sklaverei. Dann wollte Gott sie durch Mose aus Ägypten herausführen. Der Pharao war aber nicht bereit, sie gehen zu lassen. Es waren zehn Plagen notwendig, bis der Pharao sie letztendlich hat ziehen lassen. Eine davon war die Froschplage. Das ganze Land war übersät von Fröschen. Sie waren überall, auch in den Häusern.

> *Da rief der Pharao Mose und Aaron und sprach: Bittet den HERRN, dass er die Frösche von mir nimmt und von meinem Volk, so will ich das Volk ziehen lassen, damit es dem HERRN Opfer darbringen kann! Und Mose sprach zum Pharao: Du sollst die Ehre haben, zu bestimmen, auf wann ich für dich, für deine Knechte und für dein Volk erbitten soll,*

> *dass die Frösche von dir und deinen Häusern vertrieben werden und nur im Nil bleiben. Er sprach:* ***Auf morgen!*** *Da sprach Mose: Wie du gesagt hast; damit du erfährst, dass niemand ist wie der HERR, unser Gott!* (2. Mose 8,4-6 SLT).

Frösche repräsentierten im religiösen Leben der Ägypter die Göttin Heqt. Die Frösche brachten Unglück. Ich weiß nicht, ob es dir aufgefallen ist; aber lies nochmals Vers 6. Was antwortet hier der Pharao auf Moses Frage, wann er die Froschplage beenden solle? „Morgen." Hä? Wieso morgen, und nicht heute? Aus welchem Grund wollte der Pharao sich noch einen Tag länger mit den Fröschen herumschlagen? Was hat ihn dazu bewogen? Ich kann mir nicht vorstellen, dass er die Frösche niedlich fand. Im Tierschutzverein wird er auch nicht gewesen sein. Also, was war da los? Im Glauben der Ägypter brachten die Frösche ja sogar Unglück. Sie machten Dreck und Lärm, und doch entschied sich der Pharao, noch einen Tag mit ihnen zusammen zu sein.

Vielleicht war der Pharao zu stolz, darum zu bitten, die Frösche sofort zu beseitigen. Ich weiß es nicht. Aber auch für uns können die Frösche etwas symbolisieren. Schüttelst du sie ab? Oder kann es sein, dass du und ich einfach Dinge mit uns herumschleppen und bei uns tragen, die wir besser heute als morgen loswürden? Wir wissen ja, dass uns gewisse Dinge nicht guttun. Aber was ist der Grund, dass wir Dinge schleifen lassen?

Es kostet Kraft, sich Situationen zu stellen. Manchmal ist es einfach auch nur Bequemlichkeit und Gewohnheit. Man hat sich damit abgefunden und lebt in den Tag hinein. Vielleicht sagst du dir: „Ich habe noch Zeit, mich zu verändern. Jetzt bin ich noch nicht dazu bereit." Bist du dir sicher, dass du noch genügend Zeit hast? Du weißt nicht, ob es dich morgen noch gibt. Lebe, als sei es dein letzter Tag, und sei offen und bereit für all das Wunderbare, das Gott dir zugedacht hat.

Vergeude keine Zeit mehr! Wenn es Bereiche in deinem Leben gibt, die dich davon abhalten, bringe sie vor Gott. Sag ihm: „Herr, hier bin ich. Mach aus mir, was du möchtest!" Sag, dass du bereit bist, auch wenn du dich nicht danach fühlst. Gefühle kommen und gehen. Sie sind keine Basis, kein Fundament, nicht stabil. Das bedeutet, dass wir unser Leben nicht auf unseren Gefühle aufbauen können. Decke deren Ursprung auf. Wie heißt dein Frosch?

Vertiefen und anwenden

Bist du bereit?

Für etwas bereit zu sein, bedeutet für mich, darauf fokussiert zu sein, das bestimmte Ziel zu erreichen. Man ist startklar, und zwar unabhängig von den Umständen. *Ich bin bereit, komme was wolle! Ich gehe jetzt diesen Weg und hole das Beste aus meiner verbliebenen Zeit heraus.*

- Mit was füllst du sinnvoll deine Zeit?

___

___

___

___

___

- Gibt es Dinge in deinem Leben, die dir kostbare Zeit rauben?

___

___

___

___

___

- Was sind deine Prioritäten?

___

___

___

___

___

- Was kannst du aktiv tun, um mehr Zeit für eine innigere Beziehung mit Gott und für gute Taten zu haben?

____

____

____

____

____

Erinnere dich:

Alles, was du für Gott tust, hat Ewigkeitswert und wird nicht umsonst sein.

Kapitel 35

Der Herr ist mein Hirte

Manchmal begegnen wir einer Herde Schafe. Jede Herde hat ihren Hirten. Was ist die Aufgabe eines Hirten? Er kümmert sich um seine Schafe, sorgt für Futter und bewahrt sie vor Gefahr. „Der Ausdruck *Hirte* oder *Hüter* bezeichnet eine Person, die eine Herde von Nutztieren hütet (bewacht) und versorgt … Im Lateinischen heißt Hirte ‚Pastor'; daher stammt der Begriff Pastoralismus, der für alle Formen pastoraler Tierhaltung auf Naturweiden steht …"[1]

> *Der Dieb kommt nur, um zu stehlen und zu schlachten und zu verderben.*
> *Ich bin gekommen, damit sie Leben haben und es in Überfluss haben.*
> *Ich bin der gute Hirte; der gute Hirte lässt sein Leben für die Schafe.*
> *Wer Lohnarbeiter und nicht Hirte ist, wer die Schafe nicht zu eigen hat, sieht den Wolf kommen und verlässt die Schafe und flieht – und der Wolf raubt und zerstreut sie –, weil er ein Lohnarbeiter ist und sich um die Schafe nicht kümmert.*
> *Ich bin der gute Hirte; und ich kenne die Meinen, und die Meinen kennen mich, wie der Vater mich kennt und ich den Vater kenne; und ich lasse mein Leben für die Schafe* (Johannes 10,10-15 ELB).

Jesus ist der gute Hirte. Er hat sein Leben für uns hingegeben, damit wir ein Leben in Fülle leben können. Der Dieb oder Feind hat die Absicht zu stehlen. Er möchte uns berauben und so von dem abhalten, was Jesus für uns vorbereitet hat. Doch Jesus möchte, dass wir unser Leben genießen und es mit ihm teilen. Er möchte unser Hirte sein, und wir sollen seine Schafe sein, die seine Stimme hören und ihm gehorchen. Er weidet

[1] https://de.wikipedia.org/wiki/Hirte – in Auszügen; 10.08.2023.

dich auf einer „grünen Aue" und führt dich zum frischen Wasser (vgl. Psalm 23,2). Eine Aue ist eine saftige, grüne Wiese in einer Flussniederung. Dort gibt es reichlich Nahrung für die Schafe. Aber der Weg dorthin führte in Juda erst einmal durch das wüste Ödland.

Bevor er König von Israel wurde, weidete David als Hirte die Schafe seines Vaters. Das Land besteht zu mehr als der Hälfte aus Wüste. An grünen Oasen kommt man nur ab und zu vorbei. Man spricht daher eher von einer Ödlandschaft, die auch Wildnis genannt wird. Es handelte sich also nicht unbedingt um saftiges Grün, soweit das Auge reicht. Was bedeutete das für die Schafe?

Bevor David mit seinen Schafen die grünen Auen (z. B. in der Oase En Gedi) erreichte, mussten sie durch diese recht öde Wildnis ziehen. Dabei mussten sie sich von dem ernähren, was sie am Wegrand fanden. An den Steinen auf dem Boden sprossten Gräser, bedingt durch die Feuchtigkeit, die sich unter dem Stein länger hielt. Ehrlich, eine prachtvolle Wiese wäre mir als Schaf lieber. Aber umso mehr muss das Schaf auf die Führung seines Hirten vertrauen. Wenn man sich die Vegetation in Israel näher anschaut, sieht man, dass das Gras nur stellenweise auftritt. Das heißt, dass der Hirte seine Herde ganz gezielt zu diesen Stellen hinführen muss. Die Schafe können also nur hier ein bisschen fressen, dann dort, und dann müssen sie schon wieder zur nächsten Stelle laufen. Sie werden nicht gleich satt.

Ich finde, das ist ein gutes Bild für uns. Wie oft gehen wir in unserem Leben durch trockenes Land. Wie oft gehen wir durch Wüstenzeiten! Aus diesen Phasen wollen wir so schnell wie möglich wieder hinaus oder am besten gar nicht erst hineingehen. Aber diese Wüste liegt auf dem Weg zu einer fetten Oase, und wenn wir dem Hirten auf den Hacken bleiben, finden wir auch im „trockenen Land" immer genug Futter. Diese Zeiten sind notwendig für unser Wachstum. Würden wir alles, was wir wollen, auf einmal bekommen, würden wir es nicht schätzen. Die Gefahr, dass wir uns unabhängig von Gott machen und unser eigenes Ding durchziehen würden, wäre, glaube ich, groß.

Niemand möchte in der Wüste sein. Dort ist es trocken, öde und sehr heiß. Man spürt die Einsamkeit um sich herum. Oft hat man das Gefühl, nicht mehr aus der Wüste herauszukommen. Dieses Gefühl kenne ich. Ich habe lange nicht verstanden, wozu ich durch diese Zeiten gehen musste. Heute weiß ich es. Es waren Zeiten der Heilung, Befreiung und Vorbereitung. Ich durfte in den letzten Jahren geistlich und vor allem in meiner Persönlichkeit wachsen. Heute weiß ich, dass diese Phasen nötig waren. Haben sie mir gefallen? O nein, ganz sicher nicht! Ich habe sie aber gebraucht, um das zu werden, was ich heute bin. Um da zu stehen, wo ich heute stehe.

Es gibt auch heute noch immer wieder Wüstenzeiten, die ich passieren muss. Doch ich gehe jetzt mit einer anderen Haltung hindurch und weiß, dass ich auch in der Wüste nicht alleine bin. In solchen Phasen lernst du, dass der Hirte Jesus bei dir ist, dass er dir das gibt, was du jetzt gerade brauchst. Vertraue ihm! Er gibt dir nicht alles auf einmal. Das wäre nicht gut für dich. Du darfst ihm vertrauen. Er wird dich zur richtigen Zeit auf die grüne Aue führen. Er führt dich dahin, Stück für Stück. Du musst nur seine Stimme hören und ihm folgen. Wenn du ihm angehörst, wirst du sie in deinem Herzen hören. Er redet aber auch durch sein Wort zu dir. Harre in diesen Zeiten mit Geduld aus.

Manchmal denken wir, dass wir es nicht mehr schaffen oder dass es keinen Ausweg mehr gibt. Wir befinden uns in einer Sackgasse. Der Druck, die Kämpfe und Widerstände sind einfach zu groß. Jesus verspricht uns in seinem Wort, dass er treu ist und uns nicht über unsere Kraft hinaus versuchen lässt (was man auch mit „prüfen lässt" übersetzen kann), sondern er macht, dass die Versuchung (Prüfung) ein solches Ende nimmt, dass wir sie ertragen können (vgl. 1. Korinther 10,13). Er steht dir bei und wird dich nie hängen lassen. Die Frage ist nur, wie wir mit diesen Zeiten umgehen. Mein Mann sagt immer, dass unter Druck das herauskommt, was im Inneren ist. Und da ist etwas Wahres dran. Wenn du auf die Senftube drückst, kommt natürlich Senf heraus. Was kommt bei dir heraus, wenn du unter Druck stehst, wenn man auf dich drückt? Prüfe dich selbst.

Jesus ist unser Hirte, unser *guter* Hirte. Er selbst kennt die Wüstenzeiten. Nachdem Jesus getauft worden war, sprach eine Stimme vom Himmel, dass er Gottes geliebter Sohn ist. Er wurde als Sohn Gottes öffentlich bestätigt. Danach wurde er vom Heiligen Geist in die Wüste geführt, um vom Teufel versucht (geprüft) zu werden. Weshalb? Auch er musste durch Prüfungen gehen.

Weißt du, wir werden ebenfalls Probleme und Bedrängnisse haben. Als Christen erst recht, denn der Teufel hat Angst vor uns; er möchte nicht, dass wir in unsere Berufung hineinkommen und der Welt von Jesus erzählen, denn Jesus ist die Hoffnung der Menschheit. Durch ihn haben wir die Autorität zurückbekommen, die Adam durch den Sündenfall an den Teufel abgegeben hatte. Wir haben Autorität, im Namen Jesu für kranke Menschen zu beten, damit sie geheilt werden. Wir haben Autorität, in seinem Namen dem Teufel und seinen Dämonen zu widerstehen. Es lohnt sich also, den Weg des Heils zu beschreiten. Am Ende wirst du deinen Lohn empfangen.

> *Wir wissen aber, dass denen, die Gott lieben, alle Dinge zum Besten dienen* ... (Römer 8,28).

... auch die Wüstenzeiten!

Vertiefen und anwenden

Der Herr ist mein Hirte

Du hast bestimmt schon mindestens einmal eine Schafherde mit ihrem Hirten gesehen. Der Schafhirte ist unter anderem dazu da, seine Herde vor Raubtieren zu beschützen. Er hat auch die Aufgabe, seine Schafe zu versorgen, wenn sie krank oder verletzt sind. Jesus ist dein guter Hirte. Es ist ihm wichtig, dir in deinen Nöten zu begegnen, um dir den Ausweg zu zeigen.

- Wie sehen deine Wüstenzeiten aus?

- Wie verhältst du dich, während du in der Wüste steckst?

- Kannst du im Nachhinein bezeugen, dass dich diese Wüstenzeiten gestärkt haben? Was konntest du daraus lernen, worin hast du dadurch Veränderung erfahren?

- Wie wirst du zukünftig mit Wüstenzeiten umgehen, jetzt wo du weißt, dass der Teufel ein Dieb ist?

Gebet:

Danke Jesus, dass du mein guter Hirte bist und mich nie allein lässt!
Erst recht nicht in schwierigen Zeiten.
Du wirst mich nicht berauben, sondern beschenken.
Danke, dass du immer bei mir bist und nicht von meiner Seite weichst.
Ich muss vor herausfordernden Zeiten keine Angst mehr haben.
Ich löse mich von dieser Angst in deinem Namen. Amen.

Kapitel 36

Kämpfe den guten Kampf

Kämpfe den guten Kampf des Glaubens; ergreife das ewige Leben, wozu du berufen bist und bekannt hast das gute Bekenntnis vor vielen Zeugen (1. Timotheus 6,12).

Als Christen befinden wir uns in einem geistlichen Kampf. Dem Kampf gegenüber unserem Widersacher, dem Teufel, und gegen unser altes Ich. Gefühlt müssen wir täglich gegen Stress, Müdigkeit, negative Gedanken und Emotionen antreten – Gedanken über uns selbst, über unseren Ehepartner, Freunde, Lehrer usw.

Das Wort „Kampf" an sich kann in uns schon Frustration auslösen, da es mit Anstrengung zu tun hat und sehr kräftezehrend sein kann. Aber: Die Bibel sagt uns, dass es ein guter Kampf ist! Zwar müssen wir kämpfen, und wir werden, solange wir auf der Erde leben, davor auch nicht verschont, aber es ist ein guter Kampf. Und es lohnt sich, ihn zu führen, denn wer bis ans Ende beharrt, der wird selig (vgl. Matthäus 24,13).

Es geht hier um sehr viel mehr. Es geht um die Ewigkeit. Wir sollen das ewige Leben ergreifen (nehmen). Dazu benötigen wir einen aktiven Glauben. In 1. Timotheus 6,11 werden wir ermutigt, der Gerechtigkeit, der Frömmigkeit, dem Glauben, der Liebe, der Geduld und der Sanftmut nachzujagen. Das muss jeder für sich selbst und in Eigenverantwortung tun. Der Glaube ist etwas Persönliches, etwas zwischen dir und Gott. Er lädt jeden dazu ein, am Segen der Erlösung teilzuhaben. Das Wunderbare daran ist, dass wir durch Jesus bereits den Sieg erlangt haben. Wir sind mit unseren Kämpfen nicht allein. Jesus hat den Kampf gegen den Teufel und die Sünde gewonnen. Er hat uns den Sieg geschenkt. Wir können auf seine Hilfe und Gnade zählen.

> *Gott aber sei Dank, der uns den Sieg gibt durch unsern Herrn Jesus Christus!* (1. Korinther 15,57).

In der Bibel lesen wir von einigen Persönlichkeiten, die durch viel Leid und Prüfungen gegangen sind. Am Ende ihres Laufs haben sie es dennoch geschafft, das Ziel zu erlangen, indem sie Gott treu geblieben sind.

> *Ich habe den guten Kampf gekämpft, ich habe den Lauf vollendet, ich habe Glauben gehalten; hinfort liegt für mich bereit die Krone der Gerechtigkeit, die mir der Herr, der gerechte Richter, an jenem Tag geben wird, nicht aber mir allein, sondern auch allen, die seine Erscheinung liebhaben* (2. Timotheus 4,7-8).

Der Schreiber dieser Verse ist der bekannte Apostel Paulus. Er hat auch geschrieben, dass wir den guten Kampf des Glaubens kämpfen sollen. Paulus hat in seinem Leben viele Kämpfe erlebt. Er weiß daher ganz genau, von was er hier schreibt. Interessant ist auch der Ort, wo er das niederschreibt, nämlich zum Teil aus dem Gefängnis. Damals waren die Gefängnisse allerdings um einiges weniger komfortabel als heute. Kein schöner Ort, wo er sich da aufhalten musste, und dennoch hat er sein Ziel nie aus den Augen gelassen. Seine Leidenschaft für Gott gab ihm Kraft und Ausdauer, egal, wie die Umstände um ihn herum aussahen.

Was hat Paulus alles durchgemacht? Er hat Schiffbruch erlitten und drei Nächte lang auf offenem Meer durchgehalten. Er wurde gesteinigt, verlassen, abgelehnt, geschlagen – und dennoch spricht er von einem guten Kampf. Wieso? Weil er das Ewige im Blick hatte. Sein Ziel war, eines Tages bei unserem himmlischen Papa zu sein, in seiner herrlichen Gegenwart. Dafür lohnt es sich zu kämpfen und weiterzugehen. Egal, wie deine Umstände auch sein mögen, mach weiter, bleib nicht stehen und gib niemals auf!

Was hast du alles durchlebt bzw. was durchlebst du gerade? Paulus hatte Glauben an Gott. Er wusste, worauf er hinarbeitet, denn er hatte sein Ziel immer vor sich und ließ es nicht aus den Augen. Er war fokussiert. Was ist dein Ziel? Was wünscht du dir? Arbeite darauf hin! Lass dich von nichts und niemandem ablenken.

Ich nehme mal an, dass du aktuell nicht im Gefängnis bist, sondern dich auf freiem Fuß befindest. Trotzdem kannst du dich möglicherweise durch innere oder auch äußere Kämpfe unfrei fühlen. Manchmal frage ich mich, welche die besseren sind. Die inneren Kämpfe können wir beeinflussen. Die äußeren nicht immer. Hier ist wichtig, wie wir damit umgehen. Lassen wir uns kleinkriegen, oder gehen wir hindurch? Kämpfe, denn es ist ein guter Kampf! Jesus steht an deiner Seite. Mit ihm bist du auf der Gewinnerseite.

David besiegte Goliath mit einer Steinschleuder, weil Gott mit ihm war. Hiob verlor trotz schwieriger Zeiten seinen Glauben an Gott nicht. Er wurde krank und verlor alles, aber nicht seinen Glauben. Gideon besiegte mit nur 300 Kämpfern ein Heer, das so zahlreich wie ein Heuschreckenschwarm war. Lazarus wurde nach vier Tagen von den Toten auferweckt, Maria Magdalena von sieben Dämonen befreit. Hannah bekam einen Sohn, obwohl sie unfruchtbar war. Mein Mann hat den Krebs besiegt. Ich bin frei geworden von Ablehnung ... Die Liste der gewonnenen Kämpfe ist endlos.

Halte fest, dass Kämpfe dazu da sind, um sie zu gewinnen. Du sollst keine Angst davor haben, sondern sie überwinden. Richte dich auf und erhebe deine Stimme zum Siegesschrei.

Vertiefen und anwenden

Kämpfe den guten Kampf

Kämpfe sind dazu da, um sie zu gewinnen. Gerade als Christen stehen wir mit Jesus auf der Siegerseite, denn er hat für uns schon alles gewonnen. Tritt jeder Art von Kampf selbstbewusst entgegen mit dem Wissen, dass Jesus vor dir hergeht. Ja, ich weiß: Es sind trotzdem Kämpfe, okay. Aber: Es ist ein guter Kampf mit gutem Ausgang. Letztendlich werden wir eines Tages bei ihm in seiner Herrlichkeit sein.

- Hast du mit etwas zu kämpfen? Schreibe es auf.

- Welche Emotionen und Gedanken gehen dir dabei durch den Kopf?

- Was kannst du zum Sieg beitragen?

- Was würdest du jemandem, der dir nahesteht und der gerade durch eine schwere Zeit geht, empfehlen?

Anmerkung:

Es ist leichter, anderen Tipps und Ermutigungen zu geben als sich selbst. Das ist ein Phänomen. Und doch funktioniert es für dich genauso wie für den anderen. Sei guten Mutes – du hast den Meister der Sieger an deiner Seite: Jesus!

TEIL V

Die Macht der Liebe

Kapitel 37

Nach Liebe suchend

Schon in meinen jungen Jahren suchte ich nach Liebe. Ich suchte nach ihr, obwohl ich gar nicht genau wusste, was Liebe überhaupt ist. Ich spürte aber ein solch großes Defizit in meiner Seele. In meinem damaligen Wohnort versammelte sich immer eine Gruppe junger Männer. Sie plauderten miteinander. Mal lief ich an ihnen vorbei, mal fuhr ich mit meinem Fahrrad vorbei. Und das nicht nur einmal. Ich wollte unbedingt ihre Aufmerksamkeit, wollte einfach nur gesehen werden. Mein Herz war so leer. Ich sehnte mich nach Annahme und Aufmerksamkeit. Ab und zu grüßten sie mich. Das machte mich in diesem Moment so happy, weil sie mich gesehen hatten. Ich glaube, dass ich damals süchtig nach Beachtung war.

Als ich dann älter wurde, stürzte ich mich von einer Beziehung in die nächste. Sobald ich von einem Mann Aufmerksamkeit erhielt, war ich mit demjenigen zusammen – ohne zu wissen, ob Liebe im Spiel war. Ich fragte mich jedes Mal, weshalb ich eigentlich mit ihm zusammen war. Das Ganze wiederholte sich einige Jahre lang immer wieder. Ich war zutiefst deprimiert. Für mich hatte das Leben keinen Sinn. Wozu lebte ich überhaupt? Mein Leben kam mir so wertlos vor. Diese Leere in mir war kaum auszuhalten.

Eines Tages stieg ich in mein Auto und fuhr mit dem Gedanken los, mir das Leben zu nehmen. Ich öffnete den Sicherheitsgurt mit dem Ziel, gegen den nächsten Baum zu fahren. Gott sei Dank fehlte mir der Mut dazu, es tatsächlich zu tun. Fragen überkamen mich: „Und dann? Wo werde ich sein? Wo gehe ich hin? Ist es nach dem Tod wirklich vorbei?" In meiner Verzweiflung sandte ich ein Stoßgebet zu Gott. Zu dem Zeitpunkt war ich noch kein entschiedener Christ, d. h., ich hatte noch keine lebendige Beziehung zu ihm. Ich betete: „Gott, wenn es dich gibt, dann mach, dass ich bei meiner nächsten Beziehung den Beweis bekomme, dass ich diesen Menschen wirklich liebe!" Eigentlich ein komisches Gebet. Was für ein Beweis sollte das denn sein? In Wirklichkeit zweifelte ich das Gebet selbst an. Wie sollte ich denn einen Beweis bekommen?

Tatsächlich aber hat Gott mein Gebet erhört, denn er hört alle Gebete. Wenige Wochen später traf ich meinen späteren Ehemann Luigi zum ersten Mal, in der Disco. Er gefiel mir sofort. Wir lernten uns kennen. Bei unserem nächsten Date waren wir schon zusammen. Ich hatte mir eigentlich Zeit lassen und mich nicht gleich schon wieder in die nächste Beziehung stürzen wollen. Das hat dann wohl nicht geklappt. Die Macht der Gewohnheit hatte mich fest im Griff.

Zwei Wochen später offenbarte er mir, dass er schwer krank sei und wieder ins Krankenhaus müsse. Diesmal wisse er nicht, ob er lebend wieder herauskomme. In diesem Moment wusste ich tief in meinem Herzen, dass dies mein Beweis sein würde, ob ich diesen Mann tatsächlich liebte: Wenn ich mit ihm durch dieses dunkle Tal gehen würde. Für bloßes Mitleid war mein Herz zu kalt und zu sehr mit mir selbst beschäftigt ...

Er hatte Morbus Hodgkin, einen Lymphdrüsenkrebs, im Stadium 3b; und auch noch ein Rezidiv[1]. Der Tumor befand sich zwischen Herz und Lunge und war so groß wie ein Kinderkopf. Im Alter von 15 Jahren war er das erste Mal erkrankt. Nun, mit 19 Jahren, hatte ihn die Krankheit wieder eingeholt.

Es folgten monatelange Chemotherapien, eine große OP am offenen Mediastinum[2] und eine Entzündung der Bauchspeicheldrüse, die das Fortsetzen der Chemotherapie unmöglich machte. Die Folge war, dass der Tumor wieder wuchs. Wer die ganze Geschichte hören möchte, findet diese auf YouTube unter den Stichworten „Geheilt von Krebs, Luigi Ceddia", oder direkt auf der Webseite des ERF (Evangeliumsrundfunks).

Was möchte ich damit sagen? Gott hat Pläne mit dir. Er schafft Auswege, wo es scheinbar keine gibt.

---

[1] Rückfall

[2] Das **Mediastinum**, deutsch **Mittelfellraum**, ist ein senkrecht verlaufender Gewebsraum in der Brusthöhle. Es liegt in der Medianebene zwischen den beiden Pleurahöhlen und reicht vom Zwerchfell bis zum Hals und von der Wirbelsäule bis zum Brustbein (Sternum) ... – Wikipedia, 12.08.2023.

Unsere Kennenlernphase ging ein ganzes Jahr lang zwischen Krankenhaus und ein paar Tagen Erholungspause zu Hause. Während dieser Zeit war ich von mir selbst etwas abgelenkt. Die große Sorge war, dass er es nicht überleben würde.

In diesem Jahr des Bangens um sein Leben haben wir zu Jesus gefunden und ihn in unser Herz aufgenommen. Tiefer Friede breitete sich in unseren Herzen aus, obwohl sich sein Gesundheitszustand rapide verschlechtert hatte, sogar lebensbedrohlich geworden war. Luigi wurde letztendlich palliativ behandelt, weil die Ärzte ihn aufgegeben hatten. Gott, der Arzt der Ärzte, hatte ihn allerdings nicht aufgegeben. Auf wundersame Weise hat er ihn geheilt: Luigi spuckte den Tumor, der nach der großen Operation wieder gewachsen war, aus. Ein wahres Wunder. Menschlich unmöglich. Selbst die Ärzte waren vollkommen verblüfft und hatten keine Antwort, wie das geschehen konnte.

Während dieser Zeit integrierten wir uns in eine Freikirche. Unser Wunsch war, Jesus zu folgen und ihm zu dienen. Vor allem Luigi brannte darauf. Bei mir dauerte es mal wieder länger, bis ich mich Jesus voll hingab.

Bereits ein Jahr nach Luigis Entlassung aus dem Krankenaus haben wir geheiratet. Es war genau so, wie er es zuvor in einer Vision gesehen hatte, als es noch nicht sicher war, ob er die Krankheit überhaupt überleben würde. Diese Vision hat ihn sehr ermutigt. Er sah sich und mich vor dem Traualtar stehen. Während der Frage nach dem Ja sah er ein helles Licht auf uns leuchten. Die Kirche, in der wir dann heirateten, hatte oben eine Glaskuppel. Bei der Besichtigung war uns das gar nicht aufgefallen. Am Tag unserer Hochzeit war es bewölkt. Doch plötzlich lösten sich während der Zeremonie die Wolken für diese kurze Zeit auf. Die Sonne strahlte direkt auf uns herab. Es kam exakt so, wie er es zuvor in der Vision gesehen hatte. Danach war es wieder bewölkt. An diesem Tag regnete es sogar ein paarmal.

Ich habe nach Liebe gesucht. Und Gott hat mich mit einem wunderbaren Mann gesegnet. Und was noch wichtiger ist: mit einem Mann, der Gott liebt und ihm treu und mit Leidenschaft folgt. Wer sucht, der wird finden. Das ist ein göttliches Versprechen.

Bittet, so wird euch gegeben;
suchet, so werdet ihr finden;
klopfet an, so wird euch aufgetan.

Denn wer da bittet, der empfängt;
und wer da sucht, der findet;
und wer da anklopft, dem wird aufgetan
(Matthäus 7,7-8).

Das Wort „suchet" beinhaltet im griechischen Urtext „um zu finden". Um also etwas zu finden, müssen wir suchen – und zwar aktiv. In diesen Versen geht es um die Ermutigung zum Gebet. Zu beten bedeutet, mit Gott zu sprechen. Ihm kannst du alles sagen. Wonach suchst du? Was brauchst du, um ein erfülltes Leben zu haben? Gehe damit zu Gott und bitte ihn. Er wird dir helfen. Bitte, so wirst du empfangen, suche, so wirst du finden. Klopfe an, so wird dir aufgetan.

Eltern, die ihre Kinder lieben, geben ihnen alles, sofern es ihnen möglich ist. Wenn du zum Beispiel um ein Stück Pizza bittest, bekommst du ein Stück Pizza. Falls du dann merkst, dass ein Stück zu wenig war, um dich zu sättigen, wird dir klar, dass du auch zwei Stücke bekommen hättest, wenn du darum gebeten hättest. Das ist ein natürliches Beispiel, um dir zu zeigen, dass es wichtig ist, seine Bitten zu äußern. Wie viel mehr kann Gott dir alles geben, um dir in deiner Not zu begegnen. Er gibt uns zwar über unser Bitten und Verstehen (vgl. Epheser 3,20), aber doch wünscht er sich als unser Vater, dass wir ihn um die Dinge bitten, die wir brauchen (wobei ich hier natürlich nicht einen teuren Sportwagen meine). Gib nicht auf und bleib dran! Bitte, suche, klopfe an!

Vertiefen und anwenden

Nach Liebe suchend

Ohne Liebe ist das Leben kalt und leer. Man fühlt ein inneres Vakuum. Kein Mensch sollte an fehlender oder mangelnder Liebe leiden. Es ist demnach wichtig, nach ihr Ausschau zu halten. Sie hat die Kraft, dein Leben zu erfüllen.

- Welche Bedeutung hat Liebe für dich?

- Was möchtest du tun, um in der Liebe zu wachsen?

Kapitel 38

Die Liebe

Die Liebe ist etwas Wunderbares, Einzigartiges, Herrliches. Sie ist ein Geschenk Gottes an uns Menschen. Die Liebe ist das Motiv, der Grund, weshalb wir geschaffen worden sind. Das hört sich sehr gut an. Aber was genau ist eigentlich Liebe?

In der Definition von Liebe bei Wikipedia steht, dass die Liebe „eine Bezeichnung für stärkste Zuneigung und Wertschätzung ist. Nach engerem und verbreitetem Verständnis ist Liebe ein starkes Gefühl, mit der Haltung inniger und tiefer Verbundenheit zu einer Person (oder Personengruppe), die den Zweck oder den Nutzen einer zwischenmenschlichen Beziehung übersteigt und sich in der Regel durch eine entgegenkommende tätige Zuwendung zum anderen ausdrückt. Liebe kann unabhängig davon empfunden werden, ob sie erwidert wird oder nicht."[1]

Die Bibel sagt in Bezug auf Liebe unter anderem Folgendes:

> *Die Liebe ist langmütig und freundlich, die Liebe eifert nicht, die Liebe treibt nicht Mutwillen, sie bläht sich nicht auf, sie verhält sich nicht ungehörig, sie sucht nicht das Ihre, sie lässt sich nicht erbittern, sie rechnet das Böse nicht zu, sie freut sich nicht über die Ungerechtigkeit, sie freut sich aber an der Wahrheit; sie erträgt alles, sie glaubt alles, sie hofft alles, sie duldet alles* (1. Korinther 13,4-7).

Oder in der Neuen evangelistischen Übersetzung:

> *Liebe hat Geduld. Liebe ist freundlich. Sie kennt keinen Neid. Sie macht sich nicht wichtig und bläst sich nicht auf; sie ist nicht taktlos und sucht*

[1] Wikipedia, 12.08.2023

> *nicht sich selbst; sie lässt sich nicht reizen und trägt Böses nicht nach; sie freut sich nicht, wenn Unrecht geschieht, sie freut sich, wenn die Wahrheit siegt. Sie erträgt alles; sie glaubt und hofft immer. Sie hält allem stand.*

Das sind klare Worte. Liebe kostet einen Preis; sie ist opferbereit, ohne das Gleiche vom anderen zu fordern. Sie ist schlichtweg selbstlos. Sie muss mehr als eine Theorie sein, mehr als nur Worte. Sie muss ein Werk sein, das für jeden sichtbar ist. Darauf sollten wir hinarbeiten. Denn die Liebe ist ein Zeichen in dieser Welt. Bei der Liebe darf nicht gespart werden. Sie muss förmlich versprüht werden. Jeder Mensch sollte mit der Liebe regelrecht angesteckt werden. Überlege einmal, welche herrliche Auswirkung das auf der ganzen Erde hätte, wenn alle einander lieben und respektieren würden. Warte nicht, dass andere damit anfangen! Säe du selbst Liebe, Freundlichkeit und Respekt in die Menschen hinein. Du kannst mit deiner liebevollen Art Menschen ermutigen und helfen, anders zu werden. **Werde ein Botschafter, eine Botschafterin der Liebe!** Gib Gottes Liebe bedingungslos weiter. Wenn du das tust, wirst du Freude und Zufriedenheit erfahren.

> *Ein neues Gebot gebe ich euch, dass ihr einander liebt, damit, wie ich euch geliebt habe, auch ihr einander liebt. Daran werden alle erkennen, dass ihr meine Jünger seid, wenn ihr Liebe untereinander habt* (Johannes 13,34-35 ELB).

Hier lesen wir es ganz klar: **Er liebt uns, und wir sollen einander lieben.** Das wird ein Zeichen für die Welt sein, dass wir ihm angehören, dem Geber der Liebe. Im 1. Johannesbrief steht sehr viel über das Thema Liebe. Den größten Liebesbeweis überhaupt sehen wir am Kreuz. Jesus hat sein Leben für uns hingegeben, um uns mit Gott zu versöhnen. Das Motiv war ein Akt reiner und wahrer Liebe. Diese Liebe wohnt nun durch ihn in uns.

> *Wie mich mein Vater liebt, so liebe ich euch auch. Bleibt in meiner Liebe!* (Johannes 15,9).

Die Bedeutung von „bleibt" ist hier: Bei oder in etwas bleiben, an etwas festhalten. Es ist eine Aufforderung von Jesus an uns, in seiner Liebe zu bleiben. Das ist sein Wunsch, sein Sehnen. Mich spornt das an, weil ich weiß, dass es ihm wichtig ist. Wir sollten also dranbleiben, und zwar stetig. Man muss es sich immer wieder bewusst machen, um in der Liebe bleiben zu können. Nur so wird es möglich, selbstlos zu lieben. Nur so werden wir keinen Unterschied zwischen dem einen Menschen und dem anderen machen. Denn Jesu Liebe, die in dir ist, liebt jeden Menschen!

> *So ahmt nun Gott nach als geliebte Kinder und wandelt in der Liebe, wie auch Christus uns geliebt hat und hat sich selbst für uns gegeben als Gabe und Opfer, Gott zu einem lieblichen Geruch* (Epheser 5,1-2).

„Wandeln" bedeutet: umhergehen, umherschreiten, sich aufhalten. Diese Wörter beinhalten alle ein aktives Handeln. Es kann intensiviert werden, indem wir der Liebe nachjagen und nach ihr streben. Stell das auf deine Wunschliste. Ohne Liebe wäre die Welt kalt und hoffnungslos. Was bleibt am Ende bestehen? Die Liebe. Warum sollten wir ihr also nicht nachjagen? Der Gedanke sollte dabei nicht primär sein, dass ich geliebt werden möchte und diese Liebe dann erwidere, sondern selbst Liebe zu schenken. Denn nur so kannst du unvoreingenommen sein. Du tust deinen Teil, ohne auf die Reaktion der anderen zu warten.

Es kostet einen Preis, eine Entscheidung. Es kostet dich deinen selbstsüchtigen Willen, deinen Stolz, deine eigene Vorstellung von Gerechtigkeit. Aber es lohnt sich! Es bringt Freude, sich mit dem Thema Liebe zu beschäftigen und bewusst damit zu leben. Du gibst das weiter, was du von Gott empfangen hast: Liebe. Er hat sie dir nicht gegeben, damit du sie für dich behältst. Du darfst seine Liebe genießen UND sollst sie weitergeben. Indem du das tust, wirst du vielen, vielen Menschen ein Segen sein. Und glaube mir, du selbst wirst dadurch ebenfalls gesegnet, weil es etwas sehr, sehr Schönes ist, Liebe zu verschenken, und es große Freude macht.

Liebe ist das Kostbarste, wofür wir unser Leben einsetzen können. Sie ist der Schlüssel eines erfüllten, glücklichen Lebens. Ist dir bewusst, dass du von Gottes Liebe umgeben bist? Wenn nicht, dann mach dir das jeden Tag bewusst. Räume der Liebe den größten Platz in deinem Leben ein. Lerne, in ihr zu wachsen. Mache dies zu deiner Priorität.

> *Geliebte, lasst uns einander lieben! Denn die Liebe ist aus Gott; und jeder, der liebt, ist aus Gott geboren und erkennt Gott. Wer nicht liebt, hat Gott nicht erkannt, denn Gott ist Liebe.*

> *Hierin ist die Liebe Gottes zu uns offenbart worden, dass Gott seinen einzigen Sohn in die Welt gesandt hat, damit wir durch ihn leben. Hierin ist die Liebe: Nicht dass wir Gott geliebt haben, sondern dass er uns geliebt und seinen Sohn gesandt hat als eine Sühnung für unsere Sünden. Geliebte, wenn Gott uns so geliebt hat, sind auch wir schuldig, einander zu lieben* (1. Johannes 4,7-11 ELB).

Auch hier: klare, wertvolle Worte. Lasst uns einander lieben! Ein Geben und ein Nehmen – wobei das Geben seliger ist. Du magst jetzt denken, dass du keine Liebe erfahren hast: „Wie soll ich sie dann weitergeben?" Zapfe die Liebe Gottes an. Aus ihm fließt reichlich Liebe in dich hinein. Er hat uns geliebt und liebt uns noch. Das wird er auch immer tun. Glaubst du, dass du von ihm geliebt bist? Glaubst du es fest? Dann fühle dich gerade jetzt bewusst durch seine Liebe getragen und umsorgt.

Vertiefen und anwenden

Die Liebe

Liebe ist etwas Wunderbares. Sie bewirkt, dass du dich gut fühlst. Sie baut dich auf und stärkt dich. Liebe lebt vom Geben und Nehmen. Sie sucht nicht das Eigene. Sie ist ein Geschenk und verschenkt sich.

Strebe nach der Liebe! Jage ihr nach! Auf einer meiner Postkarten steht: „Liebe ist das Einzige, was nicht weniger wird, wenn wir es verschwenden."

- Fällt es dir schwer zu lieben? Ja/nein? Begründe es.

- Was bedeutet „bedingungslose Liebe“ für dich?

- Bist du bereit, jemandem deine Liebe zu zeigen, auch wenn du die Person nicht magst? Was sagt denn Gott darüber?

- Was kannst du unternehmen, um in der Liebe zu bleiben?

Gebet:

Herr lehre mich, meinen Nächsten so zu sehen, wie du ihn siehst.
Zeige mir, wie ich in deiner Liebe wachsen und wandeln kann.
Ich möchte ein Zeugnis deiner Liebe in dieser Welt sein,
damit sie erkennen kann, dass ich dein Kind bin.
Ich möchte geben, auch wenn ich nichts zurückbekomme.
Du liebst mich um meiner selbst willen
UND damit ich auch andere lieben kann.
Danke für dieses wunderbare Geschenk – die Liebe.

Kapitel 39

Du bist einzigartig!

Ja genau, DU! Du bist gemeint. Und weißt du auch, warum du einzigartig bist? Weil Gott es so sagt. Und IHM kannst du glauben!

Schau, wie David es in Psalm 139 zum Ausdruck bringt (so gilt es auch für dich!):

> *Denn du selbst hast mein Inneres gebildet,*
> *mich zusammengefügt im Leib meiner Mutter.*
> *Ich preise dich, dass ich so wunderbar und staunenswert erschaffen bin.*
> *Ja, das habe ich erkannt: Deine Werke sind wunderbar!*
> *Nie war ich unsichtbar für dich,*
> *als ich unbemerkt Gestalt annahm,*
> *tief unten auf der Erde kunstvoll zusammengefügt.*
> *Du sahst mich schon, als ich ein Knäuel von winzig kleinen Zellen war.*
> *Und bevor mein erster Tag begann,*
> *stand mein Leben längst in deinem Buch*
> (Psalm 139,13-16 NeÜ).

Er hat dich nicht nur geschaffen, sondern dich auch von Mutterleib an gesehen und begleitet, selbst wenn, wie es bei mir der Fall war, dich deine Eltern nicht gewollt haben. ER hat dich gewollt und mit all seiner Liebe und Leidenschaft geschaffen und geformt. Du bist kein dummer Zufall der Natur. Du existierst, weil Gott es sich so gewünscht und gewollt hat. Er sagt JA zu dir. Somit kannst auch du selbst ja zu dir sagen. Er kennt jedes Haar auf deinem Kopf. Er wusste, wie groß du einmal werden und welche Augenfarbe du haben würdest, welche Hobbys du magst. Alles! Du bist sein Meisterwerk.

Klar, wir sind oft mit uns selbst nicht zufrieden. Jeder von uns hat auch seine Ecken und Kanten, Stärken und Schwächen. Aber wenn wir uns nur mit unseren Schwächen beschäftigen und mit dem, was uns nicht gefällt, kommen wir nicht weiter. Mit angezogener Handbremse fährt es sich nicht gut. Früher habe ich immer gedacht: „Wie gut für die Welt, dass es sowas wie mich nur einmal gibt!" Ich habe mich selbst abgelehnt, mich ständig in Frage gestellt. „Was mache ich hier überhaupt und für was lebe ich? Zu was? Damit man dann ohnehin stirbt und am Ende alles vorbei ist? Das ist doch irgendwie doof und macht gar keinen Sinn ..." Hast du dir diese Fragen auch schon gestellt? Nun, ich hoffe, dass du deine Antworten gefunden hast! Und falls noch nicht, bete ich, dass dir dieses Buch dabei hilft.

Du bist einzigartig und hast eine Bestimmung, eine Mission, einen Zweck für dein Leben. Warum hat Gott wohl den Menschen geschaffen? Aus Langeweile? Oder aber, weil er die Sehnsucht und den Wunsch nach Gemeinschaft mit uns hatte? Das Letztere ist natürlich der Grund. Er hat den Menschen bereits zu Beginn Aufgaben und somit auch einen Vertrauensvorschuss gegeben. Eine Bestimmung hat etwas mit Berufung zu tun. Die größte Bestimmung bzw. Berufung eines Menschen ist, Gemeinschaft mit Gott zu haben, eine Vater-Kind-Beziehung. Du wurdest aus purer Liebe geschaffen. Kaum zu fassen, dass er mit uns eine Beziehung haben möchte. Wir haben die Möglichkeit, an seinen Plänen teilzuhaben und mitzuwirken. Das ist großartig und spannend zugleich.

Überleg doch mal: Einzigartig zu sein, bedeutet, unvergleichlich zu sein. Du kannst einige Dinge ohne Probleme tun, die ein anderer nicht kann. Dir fallen bestimmte Sachen leichter. Du hast gewisse Talente bekommen. Du kannst etwas besser als jemand anderes. Dafür kann jemand anderes etwas besser als du. Aber die Hauptsache ist, dass jeder in seinem Wesen einzigartig ist. Jeder hat etwas Besonderes an sich. Werde dir dessen bewusst!

Konzentriere dich nicht auf deine Schwächen. Arbeite mit deinen Stärken! Mit deinen Schwächen kannst du zu Gott kommen. Auch ich habe Schwächen und gelernt, damit umzugehen. Ich möchte keine Kraft in meine Schwächen investieren, wenn ich sie nicht ändern kann. Manchmal nehme ich sie sogar mit Humor auf und lache darüber. Ich spreche mit Gott über sie und lasse sie dann stehen. Kein Mensch ist perfekt. Ich schaue auf die Stärken und die Einzigartigkeit, die Gott mir gegeben hat. Das treibt mich an, weiterzumachen.

Vertiefen und anwenden

Du bist einzigartig!

Es ist vielleicht schwer zu glauben, aber es ist die Wahrheit: Du wurdest mit aller Sorgfalt und Liebe geschaffen! Als Gottes Wunschkind. Mit einem Lebenssinn und -zweck: IHM zu dienen in der Freiheit, zu der du berufen bist.

- Sagst du ja zu dir selbst? Begründe es.

____

____

____

____

____

- Fällt es dir schwer zu glauben, dass du einzigartig bist?
  Wenn ja, warum?

____

____

____

____

____

- Konzentrierst du dich auf deine Schwächen oder auf deine Stärken?
  Beschreibe, worauf du dich bisher konzentriert hast.

____

____

____

____

____

- Wie geht es dir dabei und was kannst du tun, damit es dir besser geht?

____

____

____

____

____

Gebet:

Ich danke dir dafür, dass du mich wunderbar gemacht hast.
Was ich bin, bin ich durch deine Gnade.
Ich darf mich lieben, weil du mich zuerst geliebt hast.
Ich bin einzigartig und wertvoll. Das erkennt meine Seele.
Ich sage mich los von Ablehnung und Minderwertigkeit
in deinem Namen, Jesus.
Ich schaue nicht mehr auf mich, sondern auf dich.
Du bist meine Freude und meine Kraft.
Ich sage mich los von allem, was mich bedrücken will.
Ich nehme die Freiheit an, zu der du mich berufen hast. Amen.

Kapitel 40

Die Sprache der Liebe

Es gibt Tausende von Sprachen und Dialekten auf der ganzen Welt. Dabei geht es um die Fähigkeit, mit Menschen zu kommunizieren, sofern man die gleiche Sprache spricht. Vor dem Turmbau in Babel gab es nur eine einzige Sprache auf der Erde. Alle Menschen konnten sich also gegenseitig verstehen. Es gab keine Kommunikationsprobleme. Bis Gott die Sprachen der Menschen verwirrte, sodass keiner mehr den anderen verstand. Weshalb hat das Gott getan? Weil sie einen Turm mit einer Spitze bis an den Himmel bauen wollten, um sich einen Namen zu machen. Sie wollten sich nicht über die ganze Erde zerstreuen (vgl. 1. Mose 11,1-9).

Bei der Sprache der Liebe geht es nicht um eine Sprache in diesem Sinne (auch wenn es eine Sprache ist, die wahrscheinlich fast jeder versteht), sondern mehr um die Art und Weise, wie wir sprechen und miteinander umgehen. Vor einigen Jahren habe ich das so als Eindruck empfangen. Dieses Thema beschäftigt mich noch heute sehr stark, denn ich möchte das bewusst und verstärkt praktizieren.

Mein Sprechen und meine ganze Art waren alles andere als liebevoll. Oft war ich grantig und aggressiv beim Sprechen. Meine ganze Art war unfreundlich gestimmt. Ich hatte mir das so angeeignet. Dabei fiel mir selbst gar nicht auf, wenn ich lieblos oder unfreundlich sprach. Ehrlich gesagt, hat mich mein Mann darauf aufmerksam gemacht. Wenn du dir jahrelang eine gewisse Art angeeignet hast, merkst du gar nicht, dass du andere mit deinem Verhalten abstoßen und verletzen kannst. Ich nenne es gerne auch Verteidigung. Wie schnell fühlt man sich angegriffen und nicht verstanden. Entsprechend ist unsere Antwort darauf, inklusive der Tonfall.

Es kam vor, dass mein Mann mich mit dem Handy aufgenommen hat, um mir zu zeigen, mit welchem Gesichtsausdruck und Ton ich mit ihm spreche. Spätestens dann musste ich es eingestehen (was ich aber meistens für mich behalten habe). So wollte ich nicht mehr sein. Ich war doch jetzt Christin. Da geht man doch nicht so mit seinem Ehemann um. Auch nicht mit anderen Menschen. Wir sollten ein Vorbild sein und die Liebe Christi widerspiegeln.

Mir ist aufgefallen, dass wir ausgerechnet mit unseren Liebsten oft so respektlos umgehen und uns im Ton vergreifen. Aber weshalb? Vielleicht weil wir einfach eine andere Beziehung zu ihnen haben. Wir zeigen uns so, wie wir sind und kontrollieren uns nicht in unserem Sprechen. In der Anfangszeit lief es noch wunderbar. Da zeigte man sein wahres Gesicht oft nicht. Später jedoch fielen die Masken langsam. Aber würden wir so mit unserem Chef oder unserer Chefin sprechen? Komischerweise habe ich mich ihnen gegenüber immer respektvoll verhalten, vermutlich weil sie für mich Menschen in Autorität sind und ich diese Autorität anerkenne. Gegenüber anderen hatte ich weniger Respekt, egal, ob es meine Eltern, Freunde oder Lehrer waren.

Und nun? Was hat es mit der Sprache der Liebe eigentlich auf sich? Gott IST ja Liebe. Und er sagt, wenn wir in der Liebe bleiben, so bleiben wir in ihm. Folglich besteht also ein ständiger Austausch von Liebe zwischen ihm und uns!

Er lebt IN UNS durch den Heiligen Geist – den Geist der Kraft und der Liebe. Wieso fällt es mir dann manchmal noch so schwer liebevoll und freundlich zu sein – selbst denen gegenüber, die mir am nächsten stehen? Weißt du, von was ich spreche? Geht es dir auch so? Ich möchte das nicht. Aus diesem Grund danke ich immer öfter Gott, dass er mich mit seiner Liebe umgibt. Ich möchte es mir jeden Tag bewusst machen und danach leben. Es ist so viel schöner, freundlich und liebevoll gesinnt durch das Leben zu gehen.

Vom Typ her gehörte ich eher zu den Melancholikern. Immer traurig, schwermütig. Mein Gesichtsausdruck war ausdruckslos und leer. Das durfte nicht so bleiben. Wir bestrafen oft unsere Liebsten, weil wir Emotionen, wie zum Beispiel Frust und Ärger, mit uns herumtragen. Mag sein, dass sie ihren Teil dazu beigetragen haben, aber die Frage, die wir uns dabei stellen sollten, ist, wie wir damit umgehen. Lassen wir negative Emotionen und Ressentiments zu, oder bewahren wir unser Herz davor?

Segnen und Vergeben tut deiner und meiner Seele gut. Mit Ärger und Wut belastest du dich unnötig. Ich weiß, dass es nicht einfach ist. Aber was bringt es denn im Endeffekt, mit Frust und Ärger zu leben? Mich hindert es, in der Sprache der Liebe zu kommunizieren. Es lenkt mich ab. Und außerdem bringt es keine gute Frucht hervor. Apropos Frucht: Magst du wissen, von welcher guten Frucht die Bibel spricht? Ich liebe sie!

> *Die Frucht des Geistes aber ist Liebe, Freude, Friede, Langmut, Freundlichkeit, Güte, Treue, Sanftmut, Selbstbeherrschung* (Galater 5,22 SLT).

Das hört sich doch vielversprechend an! Und davon bekommt man keine Verstimmung oder schlechte Laune, weder du, noch dein Gegenüber. Was kannst du tun, um darin zu wachsen und stark zu werden? Vielleicht tust du es bereits und du wandelst täglich in der Frucht des Geistes. Dann freue ich mich für dich. Was aber kannst du tun, wenn dem nicht so ist?

1. Du musst es wollen.
2. Entscheide dich bewusst dafür.
3. Bitte Gott, dass er dir dabei hilft.
4. Habe acht auf deine Gedanken und Gefühle.
5. Wandle und übe dich täglich darin.
6. Danke Gott für die Frucht in dir.

Sei nicht richtend und anklagend beim Reden. Sei jemand, der ermutigt. Komm nicht gleich mit dem Knüppel daher. Wenn mir früher etwas nicht gepasst hat, habe ich es meinem Gegenüber entsprechend kommuniziert. Das war nicht schön und zudem noch destruktiv. Das Ding ist, dass man sich selbst hinterher mies fühlt. Wenn mir heute etwas nicht passt, sage ich es zwar immer noch, aber mit Liebe und aus einer anderen Haltung heraus. Ich sage der Person, dass ich es gut mit ihr meine. Die Wahrheit zu hören oder zu erkennen, kann vorübergehend wehtun, aber am Ende ist sie immer heilsam.

Die Wahrheit oder deine Beobachtung sollen deinem Nächsten helfen und ihn ermutigen. Wenn die Person das spürt, gewinnst du sie. Der Ton ist dabei wichtig. Es geht bei der Sprache der Liebe nicht nur darum, was man sagt, sondern auch, wie man es sagt. Entwickle eine Sprachkultur der Liebe.

Wie ist es denn mit einem verstimmten Instrument? Es hört sich einfach schräg an und klingt gar nicht gut. Man möchte sich das nicht länger anhören. Es tut in den Ohren weh. Wenn wir den falschen Ton wählen, können wir einem Herzen damit wehtun. Wenn ich mich im Ton vergreife, fühlt sich mein Mann nicht von mir respektiert. Es kann zu Spannungen kommen. Das alles muss nicht sein!

> *Wenn ich in den Sprachen der Menschen und der Engel rede, aber keine Liebe habe, so bin ich ein tönendes Erz geworden oder eine schallende Zimbel* (1. Korinther 13,1 ELB).

Sprich also in der Liebe! Ein liebevoller Umgang kommt ganz anders an. Sprich nie im Affekt, wenn du gerade wütend bist. Komm erst wieder runter. Zähle bis 100 oder geh in den Wald und schrei hinein, je nachdem, was dir hilft. Es ist weise, während einer Diskussion einen Punkt zu setzen, bevor es eventuell eskaliert. Früher hat es mir fast schon Spaß gemacht, anderen alles Mögliche an den Kopf zu werfen. Ich kam mir dabei cool vor. Das war es aber nicht! Fakt ist, dass Menschen auf diese Weise verletzt werden. Wir sind dazu berufen, Menschen die Liebe Gottes, die in uns lebt, weiterzugeben.

Stell dir nur einmal vor: Du bist ein Träger oder eine Trägerin der Liebe Gottes! Was für ein Vorrecht! Diese Liebe ist bedingungslos. Sie liebt und ist freundlich, selbst wenn es dein Gegenüber nicht ist. Selbst wenn man übel „in unseren Wald hineinruft" – um das Sprichwort einmal umzudrehen – schallen wir nicht mit ebenso üblen Worten heraus, quasi als Retourkutsche. Ich erinnere an das Saat- und Ernteprinzip. Aus uns sollte die Liebe nur so heraussprudeln. Und das sollte auch nicht schwer sein. Klar, das ist ein Lernprozess. Aber ich möchte mich bemühen und die Sprache der Liebe immer und überall einsetzen, um den Menschen Wertschätzung und Respekt zu zeigen. Dazu gehört auch der Versuch, die Menschen zu verstehen.

Zum Verstehen gehört, dass du aufmerksam zuhörst. Das zeigt deinem Gegenüber dein Interesse an ihm. Lass dich nicht von einer Fliege oder irgendetwas anderem ablenken. Das war mein Problem. Ich habe mich schnell ablenken lassen. Oft habe ich überhaupt nicht zugehört, weil ich mal wieder sehr mit meinem eigenen Ich beschäftigt und „irgendwo im All abgeschwirrt" war. Alice im Wunderland halt. Peinlich wurde es dann jedes Mal, wenn mir eine Frage gestellt wurde und ich nicht antworten konnte, weil ich nicht zugehört hatte. In solchen unangenehmen Momenten wäre ich tatsächlich lieber im All verschwunden!

Am Gesichtsausdruck deines Gegenübers kannst du gut erkennen, wie die Gespräche verlaufen. Zeige Interesse und Güte. Sei barmherzig.

Das braucht man vor allem bei schwierigen Gesprächen. Wie möchtest du, dass mit dir gesprochen wird? Liebevoll, gütig, aufmerksam, respektvoll? Ja, genau. Dann mach du es genauso!

Manchmal – oder vielleicht auch öfter – stecken wir in einer beleidigten Haltung fest, weil wir vom anderen etwas erwarten, ohne es ihm zu sagen. Er (oder sie) muss es quasi „erraten", ist aber völlig ahnungslos. Das kann sich monatelang hinziehen. Mach dich frei von Scham, Furcht oder Stolz und gehe auf die Person zu.

Früher konnte ich mich nie entschuldigen, aus Scham, aber auch, weil ich zu Stolz war, um einzugestehen, dass ich mich falsch verhalten hatte. Heute tue ich es. Es fällt mir manchmal immer noch schwer.

Vertiefen und anwenden

Die Sprache der Liebe

Eine Fremdsprache kann erlernt werden. Dafür benötigt man Zeit und Fleiß. Die Sprache der Liebe kann ebenfalls erlernt werden. Wie beim Lernen einer Fremdsprache ist es ein Prozess. Je mehr Zeit ich dafür investiere, um so schneller und besser werde ich die Sprache lernen. Und um eine Sprache nicht wieder zu verlernen, muss sie regelmäßig praktiziert und geübt werden.

- Wie sprichst du mit deinen Liebsten? Wie ist deine Haltung bzw. dein Tonfall?

- Wann bzw. mit welchen Menschen fällt es dir leicht, liebevoll zu reden, und mit welchen nicht? Warum, denkst du, ist das so?

___

___

___

___

___

- Was kannst du tun, um in der Sprache der Liebe zu wachsen?

___

___

___

___

___

- Wie wäre es denn, wenn du und alle um dich herum in der Sprache der Liebe kommunizieren würden? Was würde sich ändern?

___

___

___

___

___

Kapitel 41

Ich habe dein Leid gesehen

> *... rufe mich an am Tag der Not, so will ich dich erretten, und du sollst mich ehren!* (Psalm 50,15 SLT).

Gott möchte Anteil an deinem Leben haben. Es freut ihn, wenn wir ihn suchen, ihn um Hilfe bitten. Das habe ich in einem anderen Kapitel ausgeführt. Wer ihn sucht, wird ihn finden. Wer anklopft, dem wird aufgetan. Wenn du vor einer Tür stehst und nicht klingelst oder anklopfst, wird sie nicht geöffnet werden. Wenn wir nicht um etwas bitten, werden wir es schwer bekommen. Habe keine Angst davor, Gott um Hilfe zu bitten.

Eine Frau aus unserer Gemeinde hatte schwere Kämpfe mit sich selbst. Sie konnte einfach nicht glauben, dass sie geliebt ist. Sie lehnte sich selbst ab. Ich konnte sie sehr gut verstehen, weil es mir jahrzehntelang genauso ergangen war. Sie fragte mich immer wieder, ob Gott nicht einfach mit den Fingern schnipsen könne und alles sei okay. Im Nu wäre sie frei von allem, was sie belastet. Das wäre ja zu einfach. Das wäre Zauberei und wir würden es gar nicht richtig schätzen. „Aber er sieht doch mein Leid!" Ja, das stimmt. Aus diesem Grund ist er bei dir. Aus diesem Grund hilft er dir. Teile dich ihm voller Zuversicht mit.

> *Der HERR aber sprach: Gesehen habe ich das Elend meines Volkes in Ägypten, und sein Geschrei wegen seiner Antreiber habe ich gehört; ja, ich kenne seine Schmerzen* (2. Mose 3,7 ELB).

Hier sprach Gott zu Mose, als er ihm den Auftrag gab, sein Volk aus der Sklaverei der Ägypter zu befreien. Sein Volk hatte ihn zuvor um Hilfe gebeten. Sie hatten zu ihm geschrien. Er konnte sich das nicht länger anschauen und reagierte nun darauf. Gott offenbarte sich gegenüber Mose auf dessen Frage nach seinem Namen: „Ich bin, der ich bin." Was für eine sonderbare Beschreibung. Sie bedeutet, dass er der Gott der Ewigkeit ist, über alle Generationen hinaus.

Er ist der Schöpfer, der König der Könige, der alleinige Gott über Himmel und Erde – und so viel mehr, als dass es möglich wäre, ihn zu beschreiben. Er erklärt sich selbst nicht lange und umständlich. Er ist einfach der, der er ist und auch immer sein wird. Und er weiß wirklich und wahrhaftig, was dich gerade beschäftigt.

Jetzt magst du denken, dass der Teufel dich auch kennt. Stimmt. Aber er kennt dich lange nicht so gut wie Gott. Und: Er ist nicht allgegenwärtig. Diese Macht hat er nicht. Außerdem ist er ein besiegter Feind. Gott ist immer noch Gott. Und er wird es auch immer sein. Auch wenn er von vielen Menschen verleugnet wird. Er hat zu Mose quasi gesagt, er solle sich keine Sorgen machen. Denn um den Pharao – oder ganz egal, was es auch sein mag –, kümmere er sich. Schließlich hat er alles im Griff.

Warum bist du ihm so wichtig? Na, weil er dich so sehr liebt und weil er möchte, dass du in deine Bestimmung gelangst. Und außerdem trägst du seine Liebe in dir, die die Menschen da draußen dringend nötig haben. Wir sollen täglich in der Liebe wachsen und sie weitergeben. Die Liebe ist ein wunderbares und kostbares Geschenk Gottes. Aus Liebe zu dir hat er nicht einmal Jesus, seinen einzigen Sohn, verschont. Du darfst sie annehmen, bewahren und ausstreuen.

Diese Liebe kann und wird dich heilen von jedem Leid, das dir widerfahren ist, von jeder Verletzung und Enttäuschung. Jesus kann dein Leid nachvollziehen. Die Bibel sagt über ihn, dass er in allem versucht wurde als Mensch, so wie wir. Doch er blieb ohne Sünde. Was hat er denn alles mitgemacht? Er wurde abgelehnt, verleugnet, verleumdet, verfolgt, verraten, geschlagen, gedemütigt, angespuckt, ausgepeitscht, verspottet und schließlich gekreuzigt, obwohl er absolut ohne Schuld war. Er sieht nicht nur, was du mitmachst, er versteht es auch. Und glaube mir: Vieles von dem, was du mitmachen musstest, hat er gar nicht gewollt. Wollte er, dass ich als Baby zu einer Pflegefamilie musste? Ich denke nicht. Es gibt Prüfungen, die er zu unserem Wohl zulässt. Aber Gewalt und andere schädigende Dinge sind menschengemacht. Er lässt vieles zu, weil er uns mit einem freien Willen geschaffen hat. Trotzdem fügt er es, dass uns alles, was wir erleben, zum Besten dienen muss. Er verwandelt alles zum Guten für uns und benutzt es, um unseren Charakter zu formen und um uns erwachsen, weise und reif zu machen. Es gibt nichts, was uns letztendlich schaden kann.

Ich frage mich manchmal heute noch, weshalb ich es in meinem Leben so schwer hatte, aber mehr aus dem Aspekt, weil ich so viel Zeit verloren habe, bis ich verstanden und angenommen hatte, wie sehr ich von ihm geliebt bin. Diese Frage taucht manchmal auf, wenn ich junge Menschen auf der Bühne stehen sehe, die kühn und mit Feuer predigen. Dann sage ich mir, dass sie ja nicht so eine verkorkste Vergangenheit hatten wie ich. Sie sind im Vorteil, haben es viel leichter gehabt als ich.

Eine gute Glaubensschwester und Freundin gab mir, als ich mit ihr darüber sprach, als Antwort, dass ich dafür aber auch den Menschen ganz anders begegnen und sie verstehen könne, gerade in der Seelsorge. Ja, das stimmt, weil ich sehr gut nachempfinden kann, was die Person mitmacht, da ich selbst mit vielem zu kämpfen hatte. Gerade beim Thema Ablehnung und Leid. Ich habe auch ziemlich lange Geduld, weil es bei mir lange gedauert hat. Das muss bei dir nicht so sein. Mir stand leider kein Mentor oder Seelsorger zur Seite. „Nur" mein Mann, aber von ihm habe ich bedauerlicherweise nicht so viel angenommen.

Mein Fazit: Alles soll zum Guten dienen. Heute mache ich das Beste daraus. Es wäre schade und totale Vergeudung, wenn ich die Liebe in mir nicht weitergeben würde und mir die Menschen total egal wären.

Sei dir also sicher, dass er dich ganz und gar kennt. Wenn er sich sogar um die Vögel am Himmel sorgt, wie viel mehr sorgt er sich um dich!

> *Seht die Vögel unter dem Himmel an: Sie säen nicht, sie ernten nicht, sie sammeln nicht in die Scheunen; und euer himmlischer Vater ernährt sie doch. Seid ihr denn nicht viel kostbarer als sie?* (Matthäus 6,26).

Das sind wir tatsächlich, denn wir sind die Krone seiner Schöpfung, nach seinem Ebenbild geschaffen, um seine Werke zu vollbringen. Schüttle den Staub der Vergangenheit von dir ab. Du musst nicht mit einem zentnerschweren Rucksack auf den Schultern durch das Leben gehen. Du *darfst* ihn tragen, *musst* es aber nicht. Zieh ihn aus! Gib deine Sorgen und Lasten ab! Er versorgt dich mit allem, was du brauchst. Ob es den seelischen, geistlichen oder natürlichen Bereich betrifft, spielt keine Rolle.

Ich kenne viele Zeugnisse von Menschen, die kein Essen mehr hatten. Ihr Kühlschrank war leer und sie hatten kein Geld, um Nahrung zu kaufen. Sie waren in großer Not. Doch dann fanden sie im Briefkasten Geld oder eine Tüte voller Lebensmittel vor der Haustüre. Einige davon habe ich persönlich kennengelernt. Wie ist das möglich? Gott ist eben Gott und ein sehr guter Vater: „Ich bin, der ich bin!“

Vertiefen und anwenden

Ich habe dein Leid gesehen

Gott ist dein Fürsorger. Du musst dein Leid nicht allein tragen. Und du sollst das Leid nicht behalten; denn es ist ja in Wirklichkeit gar nicht mehr *dein* Leid. Jesus hat es bereits für dich getragen; er hat alles auf sich genommen (vgl. Jesaja 53). Die gute Nachricht ist, dass du Gott so wichtig bist, dass er dir, worin du auch immer steckst, heraushelfen möchte.

- Steckst du gerade in einer Krise? Was belastet dich?

- Wie gehst du durch einen Leidensdruck hindurch?

- Was hast du daraus gelernt?

____

____

____

____

____

- Glaubst du, dass Gott größer ist als jedes Leid und dir helfen kann, davon geheilt zu werden? Warum?

____

____

____

____

____

Kapitel 42

Love Revolution

Gott ist fähig, aus dem Minus ein Plus zu machen. Da, wo du schwach bist, wirst du stark in ihm. Es gibt Gott die Ehre, wenn Menschen sehen, dass aus deinen Schwächen Stärken geworden sind.

Ich habe dir erzählt, dass ich nicht liebesfähig war. Liebe zu empfangen oder weiterzugeben war für mich ein nicht erreichbares Ziel. Und doch sehnte ich mich so sehr danach. Mein Leidensdruck war sehr groß.

Es geschah im Mai 2015. Ich befand mich damals in einer orthopädischen Reha. Mit dabei hatte ich ein Buch von Joyce Meyer mit dem Titel: *The Love Revolution. Lebe, liebe, handle – und verändere die Welt.* Das Buch hat mich regelrecht ergriffen. Natürlich geht es da um die Liebe, und zwar die praktizierte Liebe – also nicht nur mit Worten, sondern auch mit Taten. Alles Dinge, zu denen ich nicht fähig war. Dachte ich bis zu diesem Zeitpunkt zumindest.

Ich fühlte mich inspiriert von diesem Buch und wollte die Welt verändern. Aber wie? In meinem Zustand? Ja, in meinem Zustand. Wer beurteilt diesen denn überhaupt? Etwa ich selbst? Na, da kann ja nicht so viel dabei herauskommen, wenn ich nur auf mich schaue! Ein paar Tage später kam eine Idee in mein Herz. Ich schrieb für den Küchendienst der Reha-Klinik einen Zettel. Darauf stand: „Vielen Dank für euren Dienst, den ihr für uns macht. Gott segne euch!" (Ich kann mich nicht mehr erinnern, ob ich auch geschrieben habe, dass Gott sie liebt.) Diesen Zettel legte ich auf das Tablett, das man nach dem Essen auf ein laufendes Band stellte, welches direkt in die Küche führte. Die Reaktionen der Küchenmitarbeiter habe ich nicht mitbekommen. Aber diese Handlung hat eine Reaktion *in mir* ausgelöst: Mein Herz wurde mit Freude erfüllt. Es hat mich gesegnet, weil ich durch eine kleine Geste Wertschätzung weitergegeben habe.

Wenige Wochen später sprach Gott zu mir, ich solle ein soziales Projekt mit dem Namen „Love Revolution" starten. Ich sagte: „Äh, Herr, du weißt schon, mit wem du da gerade sprichst?" (Als ob er das nicht wüsste …) „Ich? Ich bin die letzte Person auf der ganzen Welt, die dazu fähig wäre. Ich weiß fast nicht mal, wie man Liebe schreibt. Du musst dir jemand anderen suchen. Meine Freundin oder einfach jemanden, der freundlich und liebevoll ist. Aber doch nicht ich!" Das habe ich ihm geantwortet.

Jetzt kommen mir wieder Tränen der Dankbarkeit. Jedes Mal, wenn ich davon Zeugnis gebe, überkommen mich Emotionen.

Wie schon gesagt, in unserer Schwachheit sind wir stark IN IHM. Und ihm allein gebührt alle Ehre. Wenn Gott zu dir spricht, dann befähigt er dich auch, zu tun, was er sagt. Wenn er *mich* dazu befähigt hat, kann er es genauso gut auch mit dir tun. Ich erkläre kurz, was *Love Revolution* ist:

Love Revolution ist eine Initiative, die geboren wurde, um die Liebe Gottes an unseren Nächsten weiterzugeben. Wir haben den Slogan „Geliebt, um zu lieben". Wir alle haben einen Auftrag von Gott erhalten, ein Gebot. Und das ist das erste bzw. wichtigste Gebot, das er dem Menschen gegeben hat.

> *„Meister, welches ist das höchste Gebot im Gesetz?" Jesus aber sprach zu ihm: „Du sollst den Herrn, deinen Gott, lieben von ganzem Herzen* [mit Leidenschaft], *von ganzer Seele* [mit allen deinen Gefühlen] *und von ganzem Gemüt* [das betrifft die Entscheidungen]". *Dies ist das höchste und erste Gebot. Das andere aber ist dem gleich: „Du sollst deinen Nächsten lieben wie dich selbst"* (Matthäus 22,36-38, eigene Ergänzungen in Klammern).

Wir haben es uns zur Aufgabe gemacht, die Liebe, die Gott uns schenkt, weiterzugeben. Wir wollen sie nicht für uns behalten, sondern sie der Welt zeigen und unseren Nächsten lieben. Wer ist denn unser Nächster? Eben jeder, der dir am nächsten kommt: jeder Mensch, dem du begegnest. Egal, ob du ihn sympathisch findest oder nicht. Ob dir seine Nase gefällt oder nicht.

Wir wollen Menschen bewusst wertschätzen. Es reicht oftmals schon, eine liebevolle Nachricht zu schreiben oder einen Besuch abzustatten.

Manchmal mache ich jemandem ein kleines Geschenk, zum Beispiel, wie in einem anderen Kapitel erwähnt, die Kette mit dem Schriftzug *Prinzessin*. Es gibt viele Möglichkeiten, um Liebe und Wertschätzung weiterzugeben. Und glaub mir, du selbst wirst dadurch gesegnet werden! Es wird dein Herz füllen. In der Bibel steht auch, dass Geben seliger ist als Nehmen. Wir sind dazu berufen, ein Segen für andere zu sein. Du bist ein Vermittler der Liebe Gottes. Lade z. B. jemanden zum Essen ein oder backe Plätzchen für deine Nachbarn. Es gibt viele Möglichkeiten, Liebe zu vermitteln. Verschenke deine Liebe. Sie ist ein wunderbarer Same, der eine kostbare Frucht hervorbringen wird.

Die zweite Aufgabe, die wir auf dem Herzen haben und auch so umsetzen, ist, in soziale Projekte zu investieren. Einige Projekte waren: ein Brunnenbau in Senegal, die finanzielle Unterstützung eines Waisenhauses in Haiti und eines Behindertenzentrums in Uganda. Mit den Spenden haben die Kinder unter anderem auch nötige Medikamente erhalten. Jedes Jahr nehmen wir uns ein anderes Projekt vor.

Wir spenden eins zu eins an die jeweiligen Projekte. Die finanziellen Mittel erhalten wir durch Verteilung mehrerer Spendendosen und verschiedener Aktionen. Wir backen immer wieder Kuchen und Gebäck und verkaufen sie auf dem Wochenmarkt. Oder wir basteln handgefertigte Artikel. So bekommen wir eine gute Summe zusammen, die wir ohne Abzüge weitergeben können. Das Schöne ist dabei auch, dass andere Menschen mit einbezogen werden, etwas Gutes zu tun. Ein Glaubensbruder hat mir einmal gesagt, dass er zwar keine Zeit zum Helfen hat, aber dafür das Geld. Zwischenzeitlich konnten wir ein Spesenkonto einrichten. Aus diesem kaufen wir alles, was wir für die Märkte oder Bastelsachen benötigen. Was für ein Segen! Zuvor haben wir das alles aus unserer eigenen Tasche bezahlt, weil wir von den Spenden keinen Cent abziehen wollen.

Zum Thema Spendendosen möchte ich euch ein Wunder erzählen, das wir erlebt haben. Bevor wir jeweils zum nächsten Projekt wechseln, sammeln wir immer alle Spendendosen ein, die im Umlauf sind, um den Inhalt zu zählen. Man kann sie nur mit einer Zange öffnen, da sie verplombt sind. Wir öffneten eine, die ein Bruder meiner Hauskirche auf seinem Antiquitätenmarkt stehen hat, den er manchmal durchführt. Als wir sie öffneten, konnten wir unseren Augen kaum trauen. Darin waren ein 500-Euroschein und acht 50-Euroscheine. Insgesamt mit dem Kleingeld waren es 1.124,50 Euro. Die 50-Euroscheine lagen als ein in der

Mitte gefalteter Stapel in der Spendendose drin. Nun, die Dosen haben einen ziemlich schmalen Geldspalt. Er ist so eng, dass man schon *einen* Schein sehr dünn falten muss, um ihn hindurchzuquetschen. Wie also waren die *acht* gemeinsam gefalteten Scheine durch diesen schmalen Schlitz gekommen? Wir waren alle so überrascht und überwältigt, dass wir leider kein Foto davon gemacht haben. Unser Bruder konnte sich das auch nicht erklären.

Gott hatte dieses Werk gesegnet und segnet es weiterhin. Ich bin nur seinem Ruf gefolgt. Er schenkt immer wieder Ideen, wie wir Spenden generieren können. Mittlerweile sind wir sogar auf Instagram und Facebook präsent. Das ist ein weiteres Wunder für mich, denn ich hatte eine gewisse Abneigung gegen „Social Media". Doch ich habe gelernt, dass man heutzutage hierdurch viele Menschen erreichen kann. Deshalb bin ich auch in diesem Punkt über meinen Schatten gesprungen und war Gott gehorsam. Jetzt freue ich mich über jeden neuen Follower. Ja, es kostet Zeit. Aber es macht auch Spaß. Und wenn es gute Früchte hervorbringt, hat sich der Aufwand auf jeden Fall schon gelohnt.

Die Liebe ist eine wunderbare „Erfindung" Gottes! Sie ist der Grund, warum wir geschaffen worden sind, der Grund für unsere Existenz. Liebe ist unser Ziel.

Liebe Gott und liebe deinen Nächsten – das sind die beiden größten Gebote, in denen alle anderen zusammengefasst sind. Lebe diese Liebe, die Gott dir geschenkt hat, auf radikale Weise. Diese Liebe ist mehr als eine Theorie, sie ist ein Werk. Jesus sagte, dass wir uns gegenseitig lieben sollen, weil dies der einzige Weg ist, der Welt zu zeigen, dass er existiert und in uns lebt.

> *Ein neues Gebot gebe ich euch, dass ihr einander liebt, damit, wie ich euch geliebt habe, auch ihr einander liebt. Daran werden alle erkennen, dass ihr meine Jünger seid, wenn ihr Liebe untereinander habt* (Johannes 13,34-35 ELB).

Dieses Wort ist unser Leitvers. Hier lesen wir den Auftrag Gottes ganz genau. Wir sollen uns gegenseitig lieben. Dies wird ein Zeichen für die Welt sein, dass wir seine Jünger sind. Jünger sind Nachfolger. Sie tun, was ihr Meister oder Lehrer sie gelehrt hat. Diese Liebe muss mehr als nur eine Theorie oder bloße Worte sein. Sie muss ein Werk sein. Dieses Werk soll gesehen werden. Man soll davon hören. Die Liebe lebt vom

Geben. Das Geben ist die Antwort auf die Liebe. Sie ist eine Sprache, die Taube hören sollen und Blinde sehen. Die Liebe füllt dich komplett. Denn Gottes Liebe ist rein, bedingungslos, endlos. Und genau diese Liebe kann in dir wohnen. Genau diese Liebe kannst du teilen.

Wenn alle Menschen das tun würden, würde die Welt anders aussehen. Aber du und ich können uns dazu entscheiden, ein Teil der *Love Revolution* zu sein. Ich ermutige dich, falls du es noch nicht machst, diese Liebe in die Welt auszustreuen. Streue soviel du kannst! Es wird nie zu viel sein. Fordere dich selbst heraus und setze es dir als persönliches Ziel. Deine Familie, Freunde und Bekannten werden es sehen und spüren. Deine bedingungslose Liebe kann sie zu Christus führen. Durch deine hingegebene Liebe kann dein Nächster ebenso zum Liebesträger werden. Stecke andere damit an!

Uns geht es hier in Deutschland sehr gut. Wir haben in der Regel ein Dach über dem Kopf und können aussuchen, was wir essen wollen. Dieses Privileg haben sehr viele Menschen auf dieser Welt leider nicht. Lasst uns auch an sie denken. Es müsste niemand auf der Welt an Hunger leiden. Aber leider ist es so. Ich für mich habe beschlossen, dass ich Gutes tun möchte, solange ich lebe. Ich möchte die Menschen lieben und wertschätzen; die Liebe unseres himmlischen Vaters weitergeben, und zwar bedingungslos. Du kannst *Love Revolution* auch finanziell unterstützen. Das aktuelle Hilfsprojekt findest du auf unserer Homepage: *www.eternachurch.com*. Hier kannst du unter dem Verwendungszweck: „Love Revolution, aktuelles Projekt" auf das Bankkonto der Gemeinde überweisen.

Werde auch du ein Teil von *Love Revolution*.

Du denkst jetzt vielleicht, dass ich gut reden habe, weil ich dieses Projekt gegründet und jetzt auch noch ein Buch geschrieben habe und außerdem in der Gemeinde in verschiedenen Bereichen diene. Glaube mir, ich bin für das alles sehr, sehr dankbar. Doch meinen Wert habe ich durch IHN erkannt. Und ohne Gott hätte ich das niemals geschafft. Nur er hat mich dazu befähigt. Er hat an mich geglaubt. Nimm auch du seine Werkzeuge in die Hand und zeige sie der Welt. Entscheide dich heute dafür, etwas in deinem Leben zu verändern.

Du bist nicht das, was du tust. Du bist, was du in IHM bist!

Vertiefen und anwenden

Love Revolution

Die Liebe kann nur sichtbar sein, wenn sie gelebt und gezeigt wird. Wir sollten alle bemüht sein, aktiv in der Liebe zu leben. Worte ohne Taten bleiben nur leere Hülsen. Die Liebe muss ein Werk sein, das mit aller Hingabe und Kraft in die Welt gebracht wird. Dadurch können wir eine bessere Zukunft für alle schaffen.

- Was kannst du tun, um in den Werken der Liebe zu wachsen?

- Möchtest du ein Teil der *Love Revolution* sein? Was kannst du dafür tun? Welche Schritte wirst du machen?

- Fällt dir vielleicht jemand ein, dem du etwas Gutes tun kannst? Schreibe auf, welche Ideen und Inspirationen du für die Umsetzung bekommst.

- Was meinst du, was es für Auswirkungen auf dein Leben und auf dein Umfeld haben wird, wenn du Liebe ausstreust?

____

____

____

____

____

Ratschlag:

Fang mit etwas Leichtem an. Bete, dass Gott dir eine Person zeigt, die du kennst, und schreibe ihr etwas Liebes. Tu das immer wieder. Mache jemand ein Geschenk oder mach einen Besuch. Du wirst sehen, dass es dich und deinen Nächsten segnen wird. Viel Spaß dabei!

Praktische Hilfsmittel

- Hänge dir ermutigende Postkarten auf.
- Sprich Bibelverse über dich aus.
- Mach dir Notizen über deine eigenen Prophetien und Erkenntnisse. Lies sie immer wieder durch.
- Achte auf deine Gedanken.
- Sei jeden Tag dankbar.
- Wachse entschieden in der Liebe mit Taten. Schreibe regelmäßig einem Menschen deiner Wahl etwas Schönes und Ermutigendes.
- Schau dir auf *Instagram Love Revolution* die „challenge der Woche" an. Hier gibt es ein kurzes Erklärungsvideo und vier „challenges". Für jede Woche eine. Eine Ermutigung, Liebe in die Tat umzusetzen.

Auflistung hilfreicher Aussagen der Bibel, die du regelmäßig über dich aussprechen/proklamieren kannst

(Hinweise auf die betreffenden Bibelstellen in Klammern)

- Ich bin gerechtfertigt, vollkommen befreit und gerecht gemacht (Römer 5,1).
- Ich habe den Geist Gottes empfangen, damit ich mir bewusst machen kann, was mir von Gott geschenkt wurde (1. Korinther 2,12).
- Ich habe die Gesinnung Christi (1. Korinther 2,16).
- Ich bin teuer erkauft und gehöre nicht mehr mir selbst, sondern Gott (1. Korinther 26,19-20).
- Ich lebe nicht mehr für mich, sondern für Jesus (2. Korinther 25,14-15).
- Ich bin mit Christus gekreuzigt; ich lebe, doch nicht ich, sondern Christus lebt in mir (Galater 2,19-20).
- Ich bin gesegnet mit allem geistlichen Segen der Himmelswelt (Epheser 1,3).
- Ich wurde vorherbestimmt, sein Kind zu sein (Epheser 1,5).
- Ich bin in Christus verwurzelt und fest im Glauben (Kolosser 2,7).
- Ich bin ein Kind Gottes (Johannes 1,12).
- Ich bin eine Rebe am Weinstock, ein Kanal des Lebens Christi (Johannes 15,1+5).
- Ich bin ein Tempel, eine Wohnung Gottes. Sein Geist und sein Leben wohnen in mir (1. Korinther 3,16).
- Ich bin eine neue Kreatur (2. Korinther 5,17).
- Ich bin Gottes Werk, geschaffen in Christus Jesus zu guten Werken (Epheser 2,19).
- Ich bin ein(e) Auserwählte(r) Gottes, heilig und geliebt (Kolosser 3,12; 1. Thessalonicher 1,4).
- Ich bin ein Kind des Lichts und nicht der Finsternis (1. Thessalonicher 5,5).

Ich danke dir dafür, dass ich wunderbar gemacht bin; wunderbar sind deine Werke; das erkennt meine Seele (Psalm 139,14).

Ein Kind Gottes werden

Du hast noch keine persönliche Beziehung zu Gott und würdest gerne sein Kind werden? Ja? Das wird die beste und wichtigste Entscheidung in deinem Leben sein. Denn ab diesem Zeitpunkt, wirst du „von Neuem geboren" sein und hast Zugang zu Gott durch Jesus Christus. Es ist eine Neugeburt deines Geistes.

Doch warum musst du im Geist von Neuem geboren werden? Höre, was Jesus selbst dazu sagte, als er mit einem führenden Mann Israels, mit Nikodemus, darüber sprach:

> *[Nikodemus] kam eines Nachts zu Jesus und sagte zu ihm:*
> *„Rabbi, wir wissen, dass du ein Lehrer bist, den Gott uns geschickt hat, denn deine Wunderzeichen beweisen, dass Gott mit dir ist."*
> *„Ich versichere dir", erwiderte Jesus, „wenn jemand nicht von Neuem geboren wird, kann er das Reich Gottes nicht einmal sehen."*
> *„Wie kann ein Mensch denn geboren werden, wenn er schon alt ist?", wandte Nikodemus ein. „Er kann doch nicht in den Bauch seiner Mutter zurückkehren und ein zweites Mal geboren werden!"*
> *„Ich versichere dir", erwiderte Jesus, „und sage dir eins: Wenn jemand nicht aus Wasser und Geist geboren wird, kann er nicht in das Reich Gottes kommen. Menschliches Leben wird von Menschen geboren, doch geistliches Leben von Gottes Geist. Wundere dich also nicht, dass ich dir sagte: Ihr müsst von Neuem geboren werden."* (Johannes 3,2-7 NeÜ).

Was bedeutet es, von Neuem geboren zu sein?

> *Doch denen, die ihn aufnahmen,*
> *verlieh er das Recht, Kinder Gottes zu sein.*
> *– Das sind die, die an seinen Namen glauben. –*
> *Sie erhielten das nicht aufgrund natürlicher Abstammung,*
> *durch menschliches Wollen oder den Entschluss eines Mannes,*
> *sondern durch eine Geburt aus Gott* (Johannes 1,12-13 NeÜ).

Man muss Jesus also aufnehmen. Auf welche Weise kann das geschehen?

> *Wenn du mit deinem Mund bekennst, dass Jesus der Herr ist, und in deinem Herzen glaubst, dass Gott ihn aus den Toten auferweckt hat, wirst du gerettet werden.*

Denn man wird für gerecht erklärt, wenn man mit dem Herzen glaubt, man wird gerettet, wenn man seinen Glauben mit dem Mund bekennt. Denn die Schrift sagt: „Wer ihm vertraut, wird nicht enttäuscht werden." (Römer 10,8-11 NeÜ).

Als Hilfestellung für dieses Gebet, mit dem du Jesus aufnehmen kannst, mache ich dir nachfolgend einen Formulierungsvorschlag. Du kannst allerdings auch einfach mit deinen eigenen Worten beten. Tu es mit hörbarer Stimme, so wie du es oben gelesen hast, denn dein lautes Bekenntnis wird in der sichtbaren (natürlichen) und der unsichtbaren (geistlichen) Welt gehört. So hört es dein eigenes Herz, aber auch Gott mit allen seinen Engeln; und sogar der Teufel muss deine Entscheidung akzeptieren, wenn du bekennst, dass du nun zu Gott gehörst.

Das wird der Start sein, der Beginn deines geistlichen Lebens mit Gott, der Anfang einer spannenden Reise und deines Veränderungsprozesses. Es gibt nichts Schöneres auf der Welt, als sein Kind zu sein und in seiner Liebe zu wandeln. Denn Jesus gibt deinem Leben einen Sinn und einen Auftrag.

Mit folgendem Gebet kannst du Gott in dein Leben einladen und im Geist von Neuem geboren werden

Vater im Himmel,

ich komme jetzt vor den Thron deiner Gnade.
Ich glaube, dass Jesus dein Sohn ist.
Ich glaube, dass Jesus für meine Sünden am Kreuz gestorben und am dritten Tag auferstanden ist und jetzt lebt.
Ich glaube, dass ich von dir geliebt und angenommen bin, so wie ich bin.

Jesus, bitte vergib mir alle meine Sünden und alle meine Schuld.
Vergib mir, dass ich all diese Jahre ohne dich gelebt habe.
Ich komme und beuge mich vor dir.
Wasch mich bitte jetzt rein durch dein kostbares Blut.

So wie du mir vergibst,
vergebe ich auch denen, die mich verletzt und enttäuscht haben.
Ich vergebe alles Unrecht, das mir angetan worden ist.
Ich vergebe auch mir selbst, wo ich schlecht mit mir umgegangen bin

und mich selbst abgelehnt habe.
Ich sage mich von aller Ablehnung und Minderwertigkeit los.

Ich nehme jetzt deine Liebe in mein Herz auf.
Komm gerade jetzt in mein Herz und rette mich.
Ich glaube an dich.
Danke, dass du mein Herz heilst und wiederherstellst.

Danke Vater Gott für das ewige Leben, das du mir jetzt gibst.
Danke, dass ich die Ewigkeit mit dir verbringen darf.
Danke, dass du mir vergeben hast und ich jetzt dein Kind geworden bin.
Du wirst mich nie loslassen.

Mein ganzes Leben gebe ich dir hin.
Ich will dir nachfolgen.
Mach mich zu dem, wozu du mich von Anfang an berufen hast.
Erfülle mich mit deiner Liebe und deiner Freude.
Erfülle mich mit deinem Heiligen Geist
und führe mich in die ganze Wahrheit.
Hilf mir, deinen Willen zu verstehen und danach zu trachten.
Hilf mir, mein Leben in Freude und in Erfüllung zu leben,
so wie du es möchtest.

Ich danke dir dafür in Jesu Namen.

Amen!

Weitere Produkte von GloryWorld-Medien

„Himmlische Bücher für die Erde"

Dr. Henry Wright

Die geistlichen Ursachen von Krankheiten

Klare Antworten auf Ihre Fragen zu Krankheitsprävention und Heilung, 208 Seiten, Pb.

Gemäß den langjährigen Erfahrungen des Autors haben etwa 80 Prozent aller Krankheiten eine geistliche Ursache und sind die direkte Folge einer gestörten Beziehung zu Gott, zu uns selbst oder zu anderen. Gott offenbarte ihm aus seinem Wort, was die geistlichen Ursachen von Krankheiten und den Blockaden zur Heilung sind.

Er geht insbesondere auf folgende Krankheitsarten ein: Allergien, Autoimmunerkrankungen, psychische Störungen, Herz-Kreislauf-Erkrankungen und Belastungsstörungen (z. B. Stresskrankheiten).

Jonathan Welton, Die Schule der Seher

Eine praktische Anleitung, wie man ins Unsichtbare hineinsehen kann; 224 S.; Pb.; Vorwort von Randy Clark

Viele Christen haben angefangen, übernatürliche Phänomene zu erleben: Träume, (offene) Visionen, Engel oder Dämonen. Aber es mangelt ihnen an solider biblischer Lehre und sie sind zu dem geworden, was man als *Seherwaisen* bezeichnet: Sie suchen verzweifelt nach jemandem, der sie trainiert, ermutigt und freisetzt.

Das Ziel von Jonathan Welton war deshalb, ein praktisches Handbuch herauszubringen, das den Leib Christi mit den Informationen ausrüstet, die notwendig sind, um in der Dimension des Prophetischen bzw. des Sehers zu wachsen und im Leben im Übernatürlichen Reife zu erlangen.

Dr. Charity Virkler-Kayembe / Dr. Mark Virkler

Höre Gott durch deine Träume

Gottes Reden in der Nacht verstehen; 288 S., Pb.

In der Bibel finden wir sehr viele Beispiele für Gottes Reden durch Träume. Auch heute möchte er uns durch Träume wichtige Botschaften zukommen lassen. Doch beachten wir sie oft wenig oder wissen nicht, wie sie zu deuten sind.

Diesem Missstand möchte dieses Buches abhelfen. Die Autoren haben sehr viele Erfahrungen im Umgang mit Gottes Reden gesammelt. Das Buch ist ein praktischer, leicht verständlicher und biblischer Leitfaden, um die Sprache zu verstehen, die Gott in unseren Träumen benutzt.

Bill Johnson / Randy Clark, Berufen zu heilen I

Grundlagen und Praxis des Gebets für Kranke, 240 S., Pb.

Jeder Christ kann von Gott gebraucht werden, um anderen Heilung zukommen zu lassen. Das ist das Anliegen der beiden Autoren. Dazu berichten Sie, wie Gott sie in den Heilungsdienst hineinführte, und legen anschließend klare biblische Grundlagen für das Heilungsgebet. Im umfangreichsten Teil gehen sie auf verschiedene Aspekte ein, die für eine Heilung förderlich sind, erläutern, wie seelische und körperliche Krankheiten zusammenhängen und stellen dann ein in der Praxis bewährtes Modell für das Gebet um Heilung vor, das für alle Christen leicht anwendbar ist.

Blake K. Healy, Durch den Schleier sehen

Eine Einladung in die unsichtbare Welt; 176 S. Paperback

Blake K. Healy sieht Engel und Dämonen seit seiner Kindheit – und zwar so klar wie natürlich sichtbare Dinge. Er sieht zum Beispiel Engel in Anbetungsgottesdiensten tanzen und Ermutigungsworte in die Ohren von Menschen flüstern, doch genauso sieht er auch Dämonen, die sich an Leute heften und so Abhängigkeiten, Lügen und Bitterkeit in deren Herzen und Gedanken aufrechterhalten.

In diesem Buch erzählt er einige dieser Begegnungen und wie er in dieser Gabe reifte und dabei die Angst und Verwirrung über die Dinge, welche er sah, überwand. Und ebenso, und wie er lernte, die Gabe des Sehens zu Gottes Verherrlichung zu nutzen und andere darin zu lehren.

„Ich wollte nicht, dass dieses Buch jemals endet!" (Bill Johnson)

Blake K. Healy, Unzerstörbar

Führe deine geistlichen Kämpfe aus der Perspektive des Himmels; 192 S., Pb.

Welche Fallen und Taktiken wenden Dämonen an, und wie können wir diese meiden?

Dieses Buch fasst zusammen, was Blake K. Healy in über dreißig Jahren über die Pläne des Feindes und ebenso die des Himmels gelernt hat.

Wir lernen, wie wir die Komplotte, Pläne und Lügen des Feindes aufdecken und abwehren können und gleichzeitig die Pläne des Himmel vorantreiben können.

Sein Hauptanliegen ist dabei, dass wir den geistlichen Kampf nicht aus eigener Kraft, sondern aus der Perspektive des Himmels führen, und ein Leben aufbauen, das unzerstörbar ist.

Dann können wir in unserem Umfeld – unserem Wohnviertel, unseren Schulen, Städten und Ländern – zu einem Leuchtfeuer der Herrlichkeit Gottes werden.

Beni Johnson, Der glückliche Fürbitter

Mit Gott die Welt bewegen, ohne die Freude zu verlieren

Vorwort von Bill Johnson; 180 S., Paperback

Beni Johnson (die Frau von Bill Johnson) nimmt uns mit auf ihre Reise von einer schüchternen Person zu einer kühnen, aber glücklichen Fürbitterin. Gott offenbarte ihr einen Weg, wie sie aus seiner Gegenwart und seiner Liebe heraus in Einklang mit seinem Herzen effektiv beten kann.

Fürbitte muss nicht dazu führen, dass uns die Anliegen, für die wir beten, unter Druck bringen oder emotional beeinträchtigen. Den Himmel auf die Erde zu holen, kann sogar regelrecht Spaß machen. Unmögliches wird plötzlich möglich – ob es dabei um „kleine" Dinge in unserem persönlichen Umfeld geht oder um die Veränderung des geistlichen Klimas über unseren Städten und Nationen.

Erica Willis, Kühn glauben

Wie einfaches, zuversichtliches Gebet das Übernatürliche freisetzt; 216 S.; Paperback

Lange Zeit dachte Erica Willis, die ganzen übernatürlichen Erfahrungen, wie Prophetie, Heilung, Wunder usw., seien nur etwas für „Superchristen".

Bis Gott ihr einen Weg zeigte, wie sie trotz ihres Eingespanntseins in Familie, Beruf und Gemeinde ihre Beziehung zu ihm so vertiefen konnte, dass diese Erfahrungen ganz natürlich zu einem Teil ihres Lebens wurden.

In diesem Buch erzählt sie auf kurzweilige Art ihre Geschichte und Erlebnisse. Entstanden ist eine praktische Anleitung für alle, die sich nach einer tieferen Beziehung zum Heiligen Geist sehnen.

James Goll
Die Gaben des Heiligen Geistes freisetzen

216 S., Paperback

Der Heilige Geist demonstriert Gottes übernatürliche Kraft durch seine Gemeinde heute, indem seine Herrlichkeit auf globaler Ebene freigesetzt wird. Alle Gaben Gottes sind immer noch voll funktionsfähig, und jeder einzelne Gläubige ist dazu bestimmt, im Fluss Gottes zu leben und seine Bestimmung zu erfüllen.

James Goll zeigt auf, wie der Heilige Geist durch die neun bekanntesten Geistesgaben wirkt und wie wir sie unter Gottes Leitung für die Erfüllung des Missionsbefehls einsetzen können.

Anhand vieler anschaulicher Beispiele aus der Bibel und aus der Gegenwart lernen wir, wie geistliche Gaben in der Praxis funktionieren. Aber es geht in diesem Buch nicht nur darum, wie man seine geistlichen Gaben entdeckt oder empfängt, sondern wie man sie freisetzt und weitergibt!

Jennifer Eivaz

Handbuch für innere Heilung und Befreiung

Wie dein Herz wieder lebendig wird; 200 S., Paperback

Lass den Heiligen Geist dein Herz wieder zum Leben erwecken!

Dieses Buch zeigt auf, wie du von inneren Verletzungen, Traumen und dämonischen Belastungen frei werden kannst. Und es rüstet dich zu, anderen in diesen Bereichen zu dienen.

Jennifer Eivaz erzählt von ihrem eigenen herausfordernden Weg aus extremem Missbrauch zu Heilung und Befreiung. Die von ihr erkannten und erprobten Wahrheiten haben weltweit schon vielen anderen Menschen geholfen haben, heil und frei zu werden.

Ella Legan, Mache dich auf!

... und begegne dem Vaterherzen Gottes; 320 S.; Pb.

Sehnst du dich danach, mehr von Gott zu erleben und seine heilende Gegenwart zu erfahren?

„Mache dich auf!" ist die Einladung zu einer Reise ins Vaterherz Gottes. Gott sieht dich und deine Situation und will dir genau dort begegnen. Lass dich von Ella Legan auf diese 40-tägige Reise mitnehmen, die dem Weg der Israeliten aus der Knechtschaft in Ägypten zum Berg Gottes nachempfunden ist. 40 Begegnungen mit Jesus und dem Gott der Herrlichkeit warten auf dich.

Am Ende wirst du bereit sein, in dein eigenes Land der Verheißung weiterzuziehen. Mache dich auf!

Frank Krause, Die neun Schleusen des Herzens

160 S., Paperback

Wie geschieht es, dass die Verheißung Jesu, dass aus unserem Innern Ströme von lebendigem Wasser fließen werde, wenn wir an ihn glauben, zu unserem normalen Erleben wird? Dass andere uns als Quelle und nicht als Zisterne, als Oase und nicht als Wüste wahrnehmen?

Als Frank Krause diese Frage vor Gott bewegte, ließ dieser ihn im Geist sein eigenes Herz sehen und durchwandern. Er zeigte ihm, dass unser Herz neun „Schleusen" hat, entsprechend den neun Aspekten der Frucht des Geistes.

Diese Schleusen wollen in uns geöffnet und freigesetzt werden, damit der Geist mit ganzer Kraft durch uns strömen kann und wir mit seiner Frucht überfließen. Nun können wir auch anderen helfen, diese Fülle zu erleben, sodass in der Folge echte Gemeinschaften der Heiligen entstehen.

Henk Bruggeman

Das Herz des Vaters entdecken

Unsere Identität als Söhne und Töchter Gottes empfangen

200 S.; Paperback

Gott sehnt sich mehr denn je danach, seinen Kindern sein Vaterherz zu offenbaren. Er möchte, dass wir ihn nicht nur mit dem Kopf, sondern vor allem mit dem Herzen kennenlernen. Statt einer Distanziertheit soll eine innige Vertrautheit unsere Beziehung zu ihm prägen. Darüber hinaus möchte er uns aber eine neue Identität schenken: die Identität der Sohnschaft. Wir entdecken mehr und mehr, wie wir als echte Söhne und Töchter Gottes leben können.

Wayne Jacobsen, Geliebt!

Tag für Tag in der Zuneigung des himmlischen Vaters leben

240 S., Paperback

Jeden Tag ein Leben zu führen, in dem wir völlig sicher sind, dass wir bedingungslos von Gott geliebt sind – ist das wirklich möglich, und wie sieht das konkret aus?

Wayne Jacobsen bringt uns Schritt für Schritt nahe, wie tief die Liebe Gottes zu uns tatsächlich ist. Wir entdecken dabei, dass wir nicht zu Sklaven, sondern zu Söhnen und Töchtern berufen sind. Die liebevolle Zuneigung unseres Vaters im Himmel gilt uns in allen Umständen. Wir erfahren eine lebendige Beziehung zu ihm, die uns von der Qual der Scham befreit und uns so verändert, dass wir als seine Kinder leben können.

Luc Niebergall, Eine zeitlose Reise

Wie ich den Himmel erkunden und meine Identität empfangen durfte; 144 S., Paperback

Ab dem Alter von 16 Jahren wurde Luc Niebergall eine unglaubliche „Reise“ in die Herrlichkeit der Person Jesu zuteil. Durch prophetische Begegnungen durfte er den lebendigen Gott erfahren.

Nach acht Jahren Visionen, Träumen und himmlischen Begegnungen hatte er den Eindruck, Gott wolle, dass er einiges von dem, was er ihm gezeigt hatte, in Form von Geschichten in einem Buch niederschreibt.

Dieses Buch ist ein Aufruf an die Söhne und Töchter Gottes, ihr volles Erbe zu empfangen, das darin besteht, in einer ewigen, intimen Beziehung zu Gott selbst zu leben.

Begegnen wir der intimen Liebe Gottes, des Vaters, fällt die falsche Identität der Waisenschaft von uns ab. Wir werden zu siegreichen Söhnen und Töchtern, welche den Nationen Heilung und Wiederherstellung bringen.

James Goll

Geistlich wahrnehmen und unterscheiden

Wie wir Offenbarungen empfangen, prüfen und anwenden können; 216 S.

James Goll erklärt, dass jeder Nachfolger Jesu geistliche Offenbarungen empfangen und prüfen kann, auch wenn einige als Propheten besonders begabt sind. Er legt präzise dar, wie wir unsere Sinne dem Heiligen Geist hingeben können, damit wir geistlich wahrnehmen können.

Und er erläutert, wie wir Offenbarungen prüfen, anwenden und letztlich verinnerlichen können, damit die Menschen sie nicht nur hören, sondern in uns sehen.

Für das vertiefte Studium ist ein Arbeitsbuch erhältlich.

Phil Mason, Die Ergründung des Herzens

Eine Einführung in die Herzensrevolution; 240 S., Pb.

Band 1 der Reihe „Übernatürliche Transformation"

Willkommen zur Herzensrevolution! Phil Mason bringt uns mit diesem Buch wieder mit dem Herzen Gottes – und somit auch unserem eigenen Herzen – in Verbindung. Begegnen wir der verschwenderischen Liebe des Vaters, erweckt sie in unserem Herzen eine neue Begeisterung und Leidenschaft.

Jesu Modell der Herzensverwandlung stützt sich nicht auf irdische Weisheit und Methoden. Er möchte, dass wir durch eine Begegnung mit der Herrlichkeit und Macht Gottes verwandelt werden.

Danny Silk, Erziehung mit Liebe und Vision

Herzensbeziehungen eingehen, statt Machtkämpfe austragen

Vorwort von Bill Johnson; 170 S., Pb.

Danny Silk fordert uns in unserem bisherigen Denken über Liebe, Disziplin und Respekt, ja in unserer generellen Vorstellung von Kindererziehung heraus. Er stellt eine Denk- und Lebensweise vor, die eine Leichtigkeit und Frieden in unsere familiären und sonstigen Beziehungen bringt.

Unser Herz spielt dabei die zentrale Rolle. Das Herz der Eltern und das Herz der Kinder. Wenn beide Seiten verstehen, wie sich ihr jeweiliges Verhalten auf das Herz des anderen auswirkt, werden die Herzen geschützt und Beziehungen können gedeihen.

Barry & Lori Byrne, Liebe in der Ehe

Eine tiefere geistliche, emotionale und körperliche Einheit erleben; Vorwort von Bill Johnson; 334 S., Klappenbroschur

Gott möchte, dass die Ehe ein Ort echter Liebe und Vertrautheit ist. Dafür brauchen wir die Hilfe des Heiligen Geistes. Mit ihm können wir die Ursachen unserer Konflikte erkennen und überwinden. Unsere Ehe kann Heilung und Wiederherstellung erfahren, egal, wie der momentane Zustand ist.

Mit klarer biblischer Lehre und vielen praktischen Hilfen packen die Autoren die wichtigsten heißen Eisen an. Viele ermutigende Erfahrungsberichte verdeutlichen die dramatische Heilung und Intimität, die mit Gottes Hilfe möglich ist.

Ruthmarie Moldenauer, Weites Land

Den Weg des Vertrauens gehen; 168 Seiten, Paperback

„Lebe von ganzem Herzen …", waren die Worte, die Ruthmarie Moldenhauer eines Morgens von Gott hörte. Die Folge: Echte Begegnung mit Gott, mit seiner Liebe und Güte, die sie veränderte und immer besser seine Stimme hören ließ.

Gott eröffnete ihr ein „Weites Land", und trotz vieler Höhen und Tiefen durfte sie erfahren: Gott ist immer gut! Eine starke Ermutigung, unsere eigene Reise ins „Weite Land Gottes" anzutreten.

Dr. Larry Richards

Die volle Waffenrüstung Gottes

Gut geschützt gegen die Angriffe des Bösen; 208 Seiten, Pb.

Die Bibel macht deutlich, dass ein Großteil unserer Unsicherheiten, Ängste und Zweifel auf den Machenschaften böser Mächte beruhen. Deshalb ist es so entscheidend, dass wir sowohl die Strategien kennen, die Satan benutzt, um uns anzugreifen, als auch die Rüstung, die Gott uns zur Verfügung stellt, um uns dagegen zu schützen.

Eine biblische Dämonologie, Hilfen zum Umgang mit dem Bösen in der Seelsorge sowie Lektionen für „Lebe-frei-Selbsthilfegruppen" runden das Buch ab.

Bestellen Sie im Buchhandel oder direkt beim Verlag (versandkostenfrei in D):

GloryWorld-Medien | Beit-Sahour-Str. 4 | D-46509 Xanten
Fon: 02801-9854003 | Fax: 02801-9854004 | info@gloryworld.de

Aktuelles, Leseproben, Downloads & Shop: **www.gloryworld.de**